最速でつかみ取る
営業の
「絶対受注」

福山敦士 Atsushi Fukuyama

Perfect Sales

同文舘出版

はじめに

営業のノウハウは極めて属人的です。

数字の話だけであれば、すべて論理的に説明できるはずです。

しかし、お金が絡む意思決定ゆえに、感情的な側面も無視できません。業種・業界、世代によって常識が異なりますし、地域によっても商習慣が異なります。

そして、時代と共に、手法自体も変化します。


受注ができた時、なぜ受注できたのかが説明できないことがあります。それもそのはずです。受注は受け身の作業だからです。

発注者が発注しない限り、受注はあり得ません。営業する側は、受注を100%コントロールすることはできないのです。受注を解明するというのは不可能です。

仮説と検証を繰り返すことしかできません。故に「絶対受注」という概念は成立しないのではないか、と僕は思うのです。

しかし世の中には、再現性高く、受注し続ける人が存在します。

社内の営業研修では、過去のトップセールスたちのありがたい話を聞かされます。彼らは今、管理職（マネージャー）となり、現場に出ていなかったりします。「俺が新卒の頃はな、飛び込み1日100件やってたぞ」と言われても、昨今、時代がそれを許してくれません。

では、社外から学びを得ようと、書店に行ってみる。そこに並ぶ営業本は、どれも立派な装丁で魅力的です。それぞれ正しそうなことが書かれています。しかし、自分の業種とは違ったり、ＢtoＢ、ＢtoＣで考え方が異なったりしており、「この本が果たして自分に役立つのか」と考えてしまいます。具体的な統計データなどもなく、著者にしかできないようなことを、著者が見てきたごくわずかなサンプルを基に、誰にでも当てはまるわけではない営業の極意を、断定的に言い放ちます。時には著者自身もできていない・やっていないことを書いていたりもします。

本書もそのひとつに感じるかもしれません。客観的根拠に乏しい本だと思うかもしれません。

それを承知の上で、それでも本書を手にとってくださったあなたに感謝します。

改めまして、福山敦士《ふくやまあつし》と申します。

詳細な略歴は本書の末尾に記載いたしますが、直近では、連続起業家として、これまで5つの会社を起ち上げ、売却（M&A）を4回行なってきました。

僕の事業の起ち上げ方には再現性があります。すべて営業からスタートしている点です。営業活動によって顧客の困り事を見つけ、営業活動によって先に受注をし、受注額を元手にサービス開発を行なっております。会社の売却も、経営者の方に直接営業を行ない、困り事を聞き、解決策として僕の持っている会社のM&Aが合理的だと判断した場合に、株式を売却し、貢献しています。すべてが営業活動です。

僕の目標は、学問をつくることです。国語・算数・理科・社会に並ぶような、ビジネスの科目をつくり、義務教育化することです。大学院や予備校、高等学校にて学習コンテンツ制作を行なっております。「学校で学ばなかったけど、社会で求められること」のギャップを埋めるべく、ひとりでも多くの人々が活躍できるような仕組みをつくりたい。そのために本書を書いています。

手広くやっているように見られがちですが、実際はビジネスも教育も困り事を解決するという点で同じく捉えています。

多くの人が高校・大学まで出たにもかかわらず、社会で求められる「ビジネス」の知識に差がついてしまい、同じ汗を流しても報われる度合いに差がついています。

甲子園を目指す高校球児、受験戦争に挑む受験生、家族のため・会社のために頑張る社会人……。「一所懸命」が美徳とされやすい世の中ですが、実のところ結果はどうでしょうか。一所懸命に頑張ったら、必ず結果が出ますか？　評価されますか？　現実には、結果の有無に頑張ったかどうかは関係ありません。どんな時でも結果を出し続けるには次の3つが重要です。

ひとつ目は「ルールの理解」、2つ目は「無駄を省くこと」、3つ目は「自己成長」です。

①ルールの理解

何をすれば結果が出るのか、本当に理解できていますか？

「売上をつくればいい」「数字を出せばいい」、その通りです。

そのためのプロセスは適切でしょうか。もっと近道はないのでしょうか。

あなたが1年かけて出す結果を、1ヶ月で出してしまう人が存在する。

一企業の売上を、ひとりの営業マンが超えてしまうこともある。

涼しい顔をして結果を出し続ける人がいる。

世の中のトップビジネスマンたちは、全員が全員、泥臭い努力をしているわけではありません。恐ろしいほど楽に結果を出し続けていることに、なんとなくあなたも気がついているのではないでしょうか。

彼らの共通点は何でしょう。血の滲むような努力？　そうではありません。ルールの理解です。人間同士で物理的な個体差は大きくありません。それぞれ背負う事情はあれど、与えられた時間は平等、行動量もさほど変わりません。「知っているか、知らないか」その差だけなのです。

②無駄を省くこと

電話営業が無駄だとか、飛び込み営業が無駄だとか、そういう話ではありません。目的達成に向けて、最適な仕事運びができているでしょうか。

あなたの無駄な動きは日本にとって損失です。あなたの成果が出ないことは、あなたや所属する組織だけでなく、この国の損失なのです。逆に、あなたが効率よく受注活動を行なうことは、所属組織とお客様だけでなく、関係会社含め、周辺の経済活動を動かすことにつながり、日本のGDPを少しだけ大きくすることにつながります。ひとつの受注によって行なわれる取引から、税金が生まれます。あなたの営業は、一国を背負っていると言っても過言ではありません。あなたのひとつの行動に、あらゆる人の生活が関係しています。

③自己成長

「去年はできなかったことが、今年できるようになった」

「これでもよくなったほうなんです」

それで満足していませんか？　成長とは、過去との比較ではなく、理想とのギャップを埋める手段です。「成長」自体が目的ではありません。何のために成長するのか、どこに向けて成長するのか。去年と比べて多少成長していることは、当たり前です。去年と比べて年齢が1歳増えたという話と大差ありません。数字上は増えているけれど、それは実質「現状維持」に他ならないのです。

極論、成長しなくても仕事はやっていけます。

ただ、本当に助けたい人を助けるには、今の自分で助けられますか？　本当に力になってあげたい人を救える強さを今、あなたは持ち合わせていますか？

本書では、これら3つを軸に、あなたの「絶対受注」という理想に向けてのルール・ノウハウ・マインドをお伝えしていきます。

CONTENTS

最速でつかみ取る
営業マンの「絶対受注」

PART 1

「絶対受注」を叶える営業の地図を描こう

PART 2

「絶対受注」マインド

PART 3

よいお客様と出会う方法

PART 4

「絶対受注」に導くコミュニケーション

PART 5

商談を成功させるマインドセット

PART 6

また時間を取ってもらうために

PART 7
営業マンとして高みを目指し続ける

装丁・本文デザインDTP：高橋明香（おかっぱ製作所）

PART 1

「絶対受注」を叶える営業の地図を描こう

SECTION 1

「絶対受注」を目指す理由

「今日こそ絶対受注する」

営業とは、困っている人を助ける仕事。すべてのビジネスに通じます。そして、困り事を見つけることも営業の仕事です。

「困っている人」は、刹那的です。今日は困っていても、明日はもう困っていないこともあるからです。もちろん逆も然りで、今日困っていなくても、明日困るかもしれない。だからこそ営業は、顔を覚えてもらう必要があり、そのためにコンタクト回数を増やす必要があるのです。

「受注」とは、世の中を動かすことです。相手の発注を促すことで、経済活動を動かすことができるからです。大きな話に感じるかもしれませんが、営業はその役目を担っています。

つまり、我々がいない世の中と、我々がいる世の中の差分を生み出す仕事とも言えるのです。それだけ尊い仕事だと認識しましょう。

しかし、相手からの発注は自分だけでコントロールすることはできません。そして、発注を受けなければ受注は起こり得ません。ここに営業職としての永遠の課題があるのです。

営業職からキャリアをスタートすると、どうしても発注する側が偉いように感じるかもしれません。僕もそうでした。しかし、そんなことはありません。発注する側も、その先の受注を目的としているのです。ビジネスはすべて発注と受注によって成り立っています。すべての物事は取引によって成立しているのです。

あなたが会社の社員なのであれば、あなたはすでに取引を行なっています。自分の労働力を会社に提供し、報酬をもらっています。これも立派な取引です。

つまり、あなたはすでに受注をしています。あなたの会社はその先の成果を求めて、あなたに発注をしていると言えるのです。まずはその期待に応えるべく、お客様からの受注を目指し、自身の介在価値を最大化していきましょう。

CHECK

利益構造理解×自己成長＝絶対受注。
まずはルールを理解しよう。

SECTION 2

自分というプロダクトを磨き続けること

結果を出し続ける営業マンは、いつ会っても新しい情報を持ってきてくれます。

そこに例外はありません。

業種業界によって接するお客様の数は違いますが、よりたくさんのお客様と会話をすることでネタを増やし、より密度の濃い提案をするために人よりも多くの提案書や企画書を作成したり、資料や顧客情報を読み込んだりしています。つまり、**徹底して情報収集を続けている**のです。

営業職のレベルは、知識量に比例します。

これからの時代、営業職には高い専門性と個別具体ケースに応じた提案の落とし込みが求められます。その際、知識は礼儀になるとも言えます。入社したてや、営業職に配属された直後は、強制的にインプットをする機会が与えられたかもしれませんが、月日と共に人と「知識量」の差が出てくるものです。

インプットの極意は、「わかりません。教えてください」と素直に口にすることです。商談の場がインプットになれば一石二鳥です。

もちろん、行動力や行動量も問われます。行動の対価は知識として自分自身に残るからです。ここが結果の差を生むのです。

よく「自分を売り込むこと」という表現がありますが、正しくは「自分に興味を持ってもらうこと」という意味です。

お客様が購入に至るプロセスには、「認知」「興味」「情報収集」「購入」「情報共有」というステップがありますが、このステップの2つ目につなげる努力こそが「自分を売り込む」ことの意味です。

多くの営業マンが「認知」で止まってしまっています。「いかに興味へつなげるか」、その先の「購入につながる商談を生み出せるか」、これらの視点があるだけで成果をコントロールすることができます。

毎回時間をかけて準備をする過程で、受注につなげるための知識が自分自身に貯まります。その知識こそが営業マンの差別化ポイントとなります。

ここでいう知識とは、何も商品知識だけのことではありません。**社会の流れ、業界の流れ、顧客とその競合他社の傾向、自社と競合他社の動向、お客様自身のこと、教養**など多岐にわたります。そして、売れる営業マンは、必ず**特定の領域に詳しい**ものです。そしてその知識に埃が被らないよう、磨き続けているのです。

本書を読んでいるあなたならきっと大丈夫。多くのビジネスパーソンが途中でインプットを怠ってしまう中、あなたはすでに一歩リードをしています。自分への投資は裏切りません。ぜひ続けていきましょう。

CHECK

会社が変わっても、商品が変わっても、
あなたが進化し続ける限り、絶対受注は成功する。

SECTION 3

自分というプロトタイプ

「プロトタイプ」という言葉があります。日本語では「原型」を意味し、ＩＴの開発現場でよく使われる言葉です。プロトタイプは完成品を意味しません。未完成品でもいったん世に出して、そこでバグが出ても、**随時修正を加えれば完成品に近づける**という発想です。これと同じように、挑戦し続ける人は、はじめから完璧を目指しません。ゴールに向かいながら、**「後から修正すればいい」という発想で、まずは行動します**。

はじめは失敗することがあっても、同じ失敗を防ぎ、新しい失敗を乗り越え続けることができれば、確率論的に１００％の完成度に近づいていけるからです。

「とりあえず行動するって、それで失敗したらどうするの？」

このように思うかもしれません。でも、失敗してもいいじゃないでしょうか。本書を読んでくださっているあなたも、少なくとも現段階で完成品ではないはずです。もし年が若いならば、失うものもさほどないはずです。

それに、**失敗経験もなしに、ブラッシュアップなんてできません。**失敗している人は挑戦している人です。あなたは、手を動かさず、口だけ達者な人になりたいですか？　もしあなたが優秀であったとしても、失敗を恐れ、その場に立ち尽くしているようなら要注意です。

では、なぜ挑戦しない人は挑戦する人より成長できないのでしょうか？

それは**「振り返る」材料がない**からです。

常に成長し続ける人は、「振り返り」を実践しています。自らの行動や思考を常に振り返ることで、同じ失敗をなくし、成果を出す確率を高めているのです。

たとえば、未完成でもいいから企画を書き出し、お客様に提出できたとしましょう。たとえボツになっても全然OK。お客様からその理由を一言でも聞くことができたら、振り返りの材料が得られるからです。
ボツになった理由を一つひとつクリアすれば、今度は企画が通るかもしれません。完璧な企画を出そうとして、結局提出できない人は、永遠に企画を通すことはできないのです。

ベストではなく、ベターを速く選ぶこと。
ゴールは修正しながら目指すもの。
早く失敗することで次回の成功率を高めることができるのです。
挑戦し続ければ、あなたも完成品に近づいていけるのです。

CHECK

営業とは実験だ。仮説を立て、検証する。
この繰り返しの中で、より本質的な成果を追求する作業である。

行動の数だけ完成品に近づく

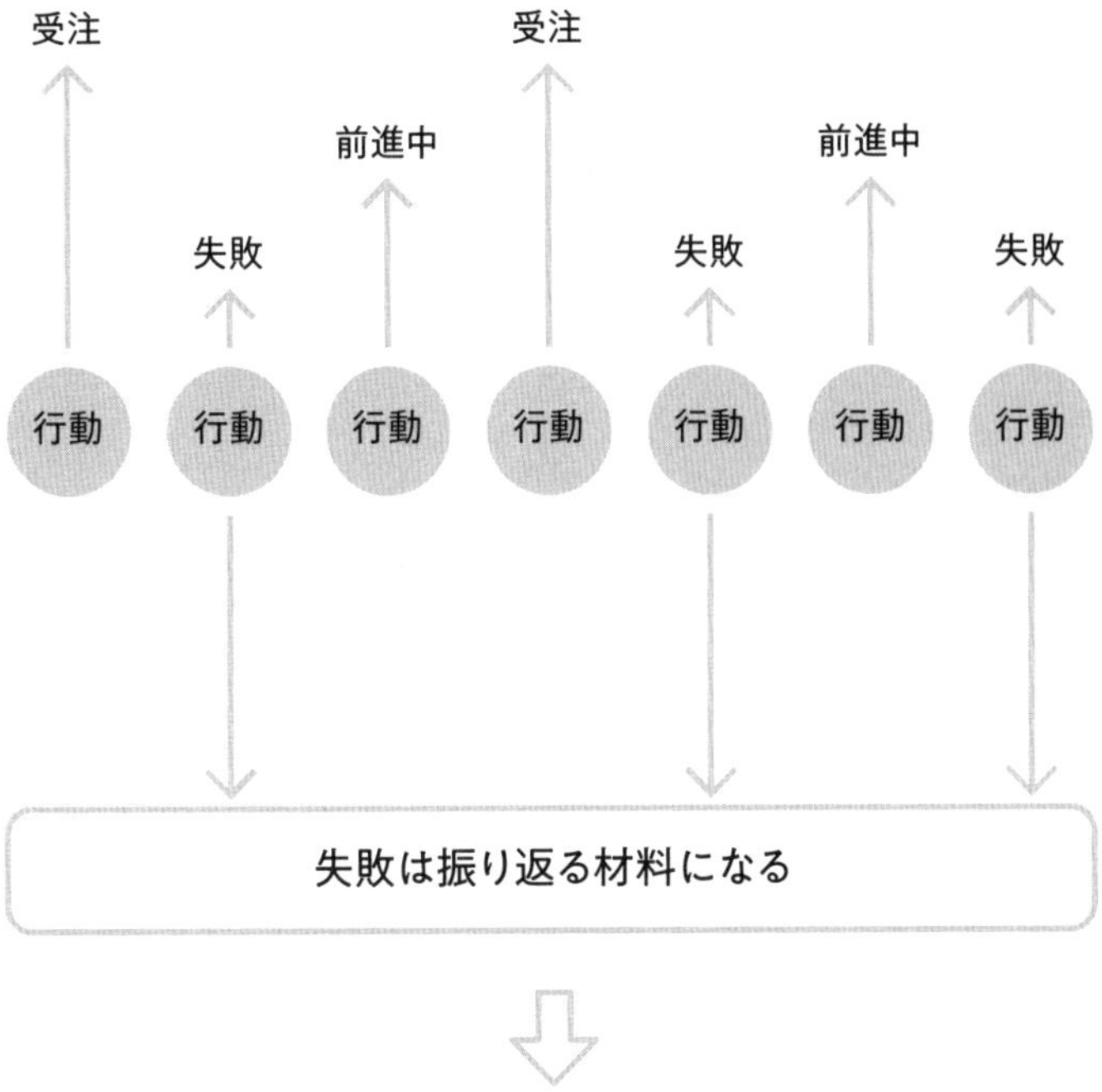

材料を蓄積し、チャレンジ(行動)し続ければ、
受注の確率もUPする!

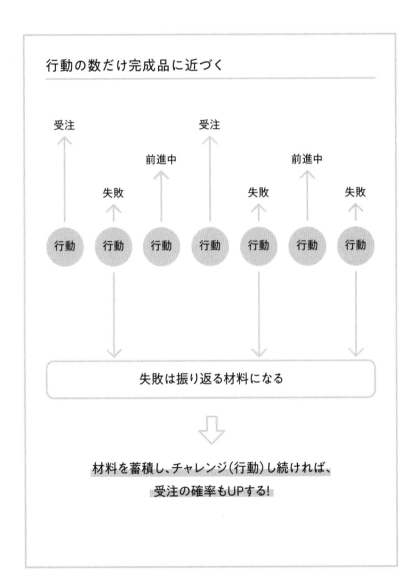

4 相手は今、何に困っているのか

あなたは営業の構造を理解していますか？

もし知らないなら、**上司や先輩の初回アポから提案、そして受注までの打ち合わせに同席させてもらうことからスタートしましょう。**

受注のイメージができていないと、目標と現状のギャップがわかりません。積み上げ式の努力となってしまい、「昨日よりも前に進んだ」「昨日より成長した」という自己評価だけで満足してしまうでしょう。しかし、それはお客様にはあまり意味がありません。いかにお客様の成果（困り事を解決すること）に向けて、自らを最適に活用し、物事を滞りなく進めることのほうが大切なことです。

たとえば、営業を受ける側として、初めて会う営業マンから「提案させてください」と言われることがあります。

僕はそんな時いつも、「僕の困り事を把握せずに、どう提案するのだろう」と不思議に思います。案の定、前提条件がズレてちぐはぐな商談になり、「もしかして、こういった取り組みはすでにされていますか？」となり、前進せずに終わってしまいます。ストライクゾーンを把握せず、やみくもにボールを投げている状態です。

営業は、まずは困り事の把握。その後に提案活動に入るべきです。

相手も、自分の困り事を正確には把握していない場合が多くあります。または、物事の優先順位を決めきれていない場合もあります。つまり、相手は提案をされて初めて気づくこともあるのです。

CHECK

お客様が自らの困り事に気づかされていないのは、営業である自分の責任。

現状・課題・目標の構図

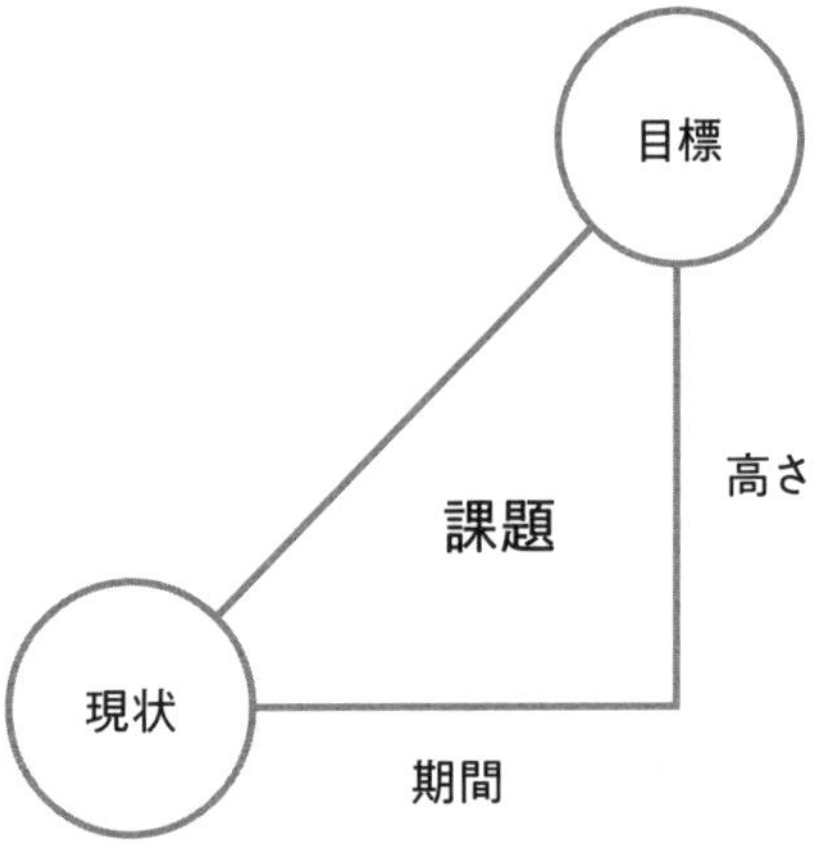

目標に対する現状とのギャップが課題。
課題には「高さ」と「期間」が存在する。
目標が高ければ、期間を変えない限り、
スピードは速めないといけない。

SECTION 5

セールスファネルとセールスフロー

あなたは「セールスファネル」というお客様が購入に至るまでのプロセスを描いた図式を知っていますか？　Attention（認知・商品を知る）、Interest（興味・好奇心を持つ）、Search（情報収集・比較検討する）、Action（行動・購入）、Share（情報共有・拡散）という順番でお客様の購入前後のステップを表わしたものです。

インターネットやSNSが台頭する2010年以前は、「AIDMA」（Attention（認知・商品を知る）、Interest（興味・好奇心を持つ）、Desire（欲求）、Memory（記憶する）、Action（購入する））で表現されることがほとんどでしたが、時代は変わり、ステップにも変化が現われました。

そしてこれは、営業側（売る側）のステップではなく、お客様が意思決定する際のプロセスであることを覚えておきましょう。

もうひとつ、営業として理解したい流れがあります。それは「セールスフロー」です。こちらは営業側のステップです。次ページの「セールスフロー」の図をご覧ください。この中で注目したい点は次の3点です。

・いきなりの受注はない
・提案の前にヒアリングがある
・提案で失注しても、また再提案ができる

基本は「相手の困り事」ありきで考えて進めるべきですが、あえて営業主導で考えるのであれば、提案・受注から逆算してお客様とつき合いましょう。

CHECK

自動販売機では売れないものを扱う限り、営業の仕事はなくならない。

行動の数だけ完成品に近づく

セールスファネル

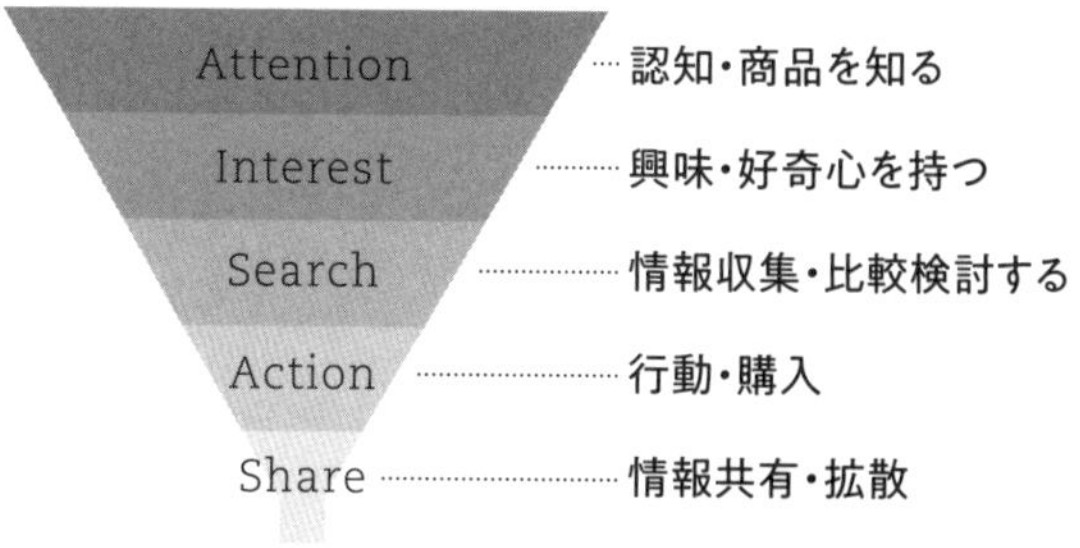
Attention
認知・商品を知る
Interest
興味・好奇心を持つ
Search
情報収集・比較検討する
Action
行動・購入
Share
情報共有・拡散

セールスフロー

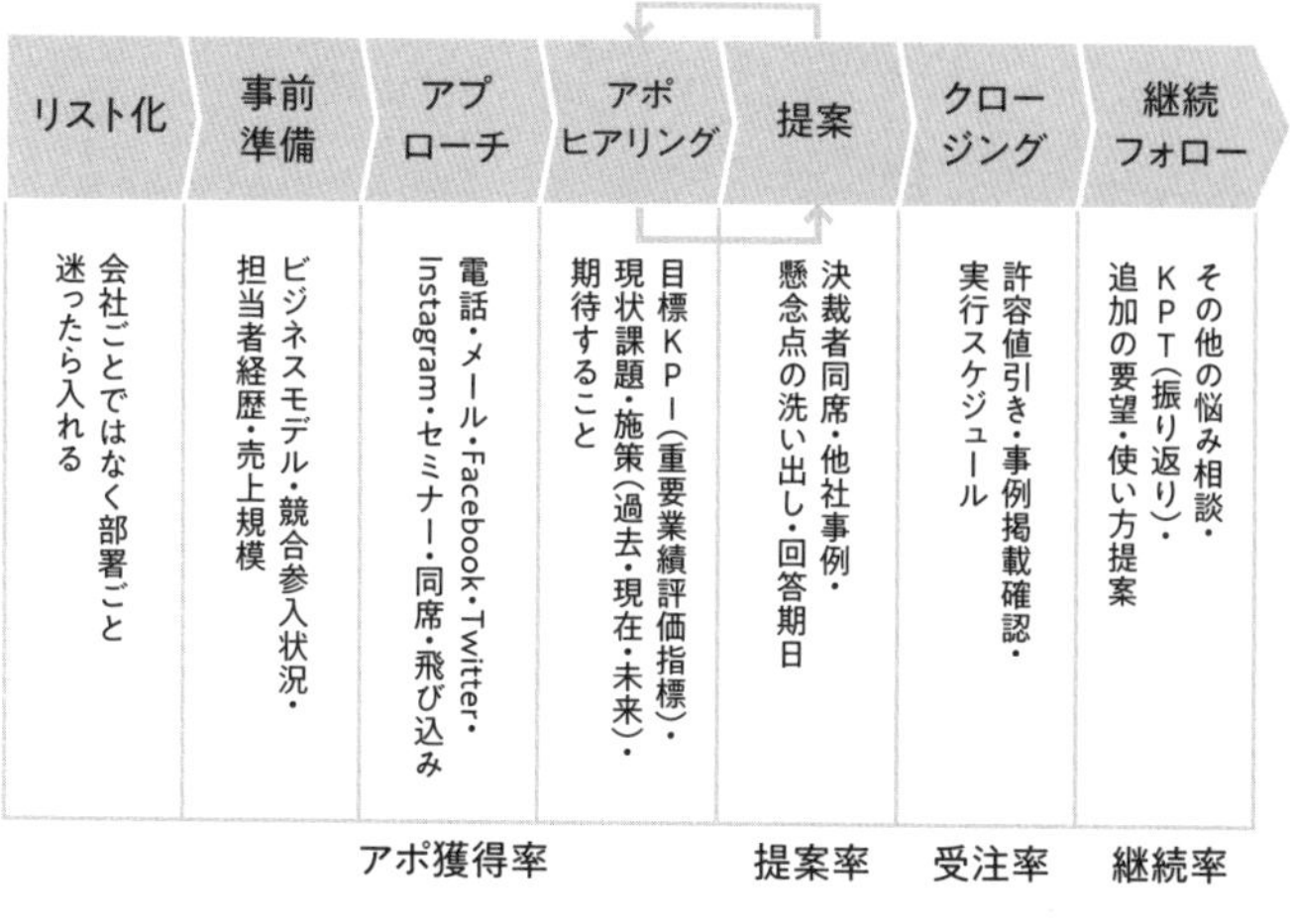
リスト化
会社ごとではなく部署ごと
迷ったら入れる
事前準備
ビジネスモデル・競合参入状況・
担当者経歴・売上規模
アプローチ
電話・メール・Facebook・Twitter・
Instagram・セミナー・同席・飛び込み
アポ ヒアリング
目標KPI(重要業績評価指標)・
現状課題・施策(過去・現在・未来)・
期待すること
提案
決裁者同席・他社事例・
懸念点の洗い出し・回答期日
クロージング
許容値引き・事例掲載確認・
実行スケジュール
継続フォロー
その他の悩み相談・
KPT(振り返り)・
追加の要望・使い方提案
アポ獲得率
提案率
受注率
継続率

SECTION 6

受注がゴールではない

あなたは受注で喜んでいる人に、今後も仕事をお願いしようと思いますか？

「お客様のビジネスを成功に導くこと」。営業の仕事はこれに尽きます。

別の言い方をすれば**「相手を儲けさせる」**ということです。

そもそも取引とは、等価交換で然るべきです。しかし、そこに**営業マンが介在するのであれば、買ってもらった価格以上の価値をお返しすること。これが継続受注するコツ**です。1万円の支払いに対し、10万円の価値を感じれば、お客様はリピートしたくなります。価格以上の価値を感じなければ、取引が止まるきっかけをつくることになります。

関係を終わらせないセールスマンは、価格以上の価値を提供し続けます。だからリピートされ、アポが止まらなくなるのです。

「お客様を紹介してもらうことをゴールにする」という考えもあります。しかし、そもそも紹介営業が生まれづらい業界や商品も存在します。たとえばBtoB（Business to Business＝企業からお金をもらうモデル）向けのマーケティング企業では、1業種1社という慣習があったり、高いコミットメントを求められるケースもあり、紹介は生まれづらくなります。BtoC（Business to Consumer＝個人からお金をもらうモデル）でも居住用の不動産などは紹介が生まれづらいものです。高額なので誰でも買えるわけではなく、物件は唯一無二で、ライフステージによって価値観が人それぞれ異なるからです。

僕は、『誰も教えてくれない「紹介営業」の教科書』（同文舘出版）という本を出版し、そこでBtoB、BtoCそれぞれで紹介営業が成り立つノウハウを提示しました。自分自身も、これまで広告商品、ITソリューション、コンサルティング、不動産、人材、企業、教育サービスなど、ＢｔｏＢとＢｔｏＣ、それぞれで紹介営業の実績をあげてきました。

しかし、**紹介が生まれたからといって、目の前のお客様に対して営業が成功したとは限りません**。

そこで気を抜いてはいけません。紹介がゴールでもなければ、受注がゴールでもないのです。

一番に考えなくてはならないのは、目の前の相手の成果です。成果の定義は、商品や契約の内容ごとに異なりますが、「受注したこと」だけで喜んではいけません。相手の立場で考えれば、相手の成果がわかるはずです。

CHECK

あなたが素晴らしい人間だから継続するわけではない。相手の期待に応えられているか否かがポイント。常に変わる相手の期待をとらえているか。

お客様の成果・成功を考える

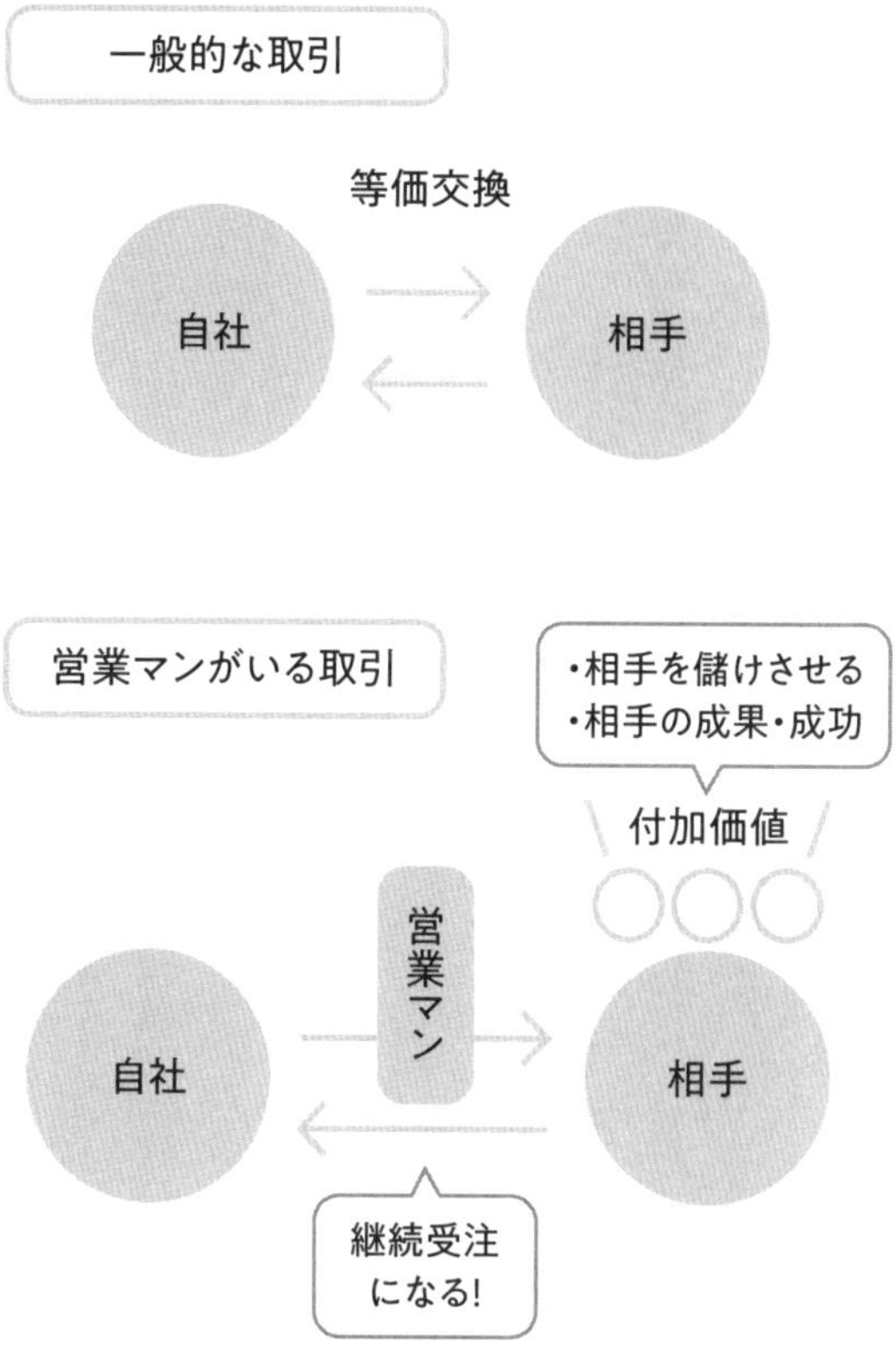

SECTION 7

決算月と組織図を書き出す

顧客はなぜ発注するのか。どうしたら顧客は儲かるのか。あなたはこれらを理解していますか？　**顧客の利益構造をあらかじめ理解しておけば、顧客に先まわりした提案が可能**になります。

たとえば、**相手企業の業績**について。業績が伸びていて、これからさらに積極的な投資をしたいと考えているのであれば、当然、契約してもらえる可能性が高まります。提案内容の精密さについても戦略的に考えられるでしょう。

また、**決算の時期**について。たとえば、ＳａａＳのような月額課金の商品や、会社の決算月のタイミングならば、一括で支払ってもらったほうがお互いメリットがある場合もあります。その他、事業部ごとの決済の場合、順次、隣の部署の部長を紹介いただき、紹介が止まった段階で、社内のコストセンターに一括契約の提案をもちかけることもできます。

もし手に入るならば、相手企業の組織図があるとよいでしょう。担当者の部署との横のつながり、縦のつながりがわかると、より利益構造が見えてきます。

構造を把握するというのは、**全体観を持つ**ということです。全体の構造を可視化し、法人営業ならば、組織図を書き出し、誰がキーマンなのかを見極めます。個人向けの営業の場合でも、相手の言葉を並べてみると、心理構造が見えてきます。

受注に至るまでのルートを複数考え、ただアクションを並べるのではなく、成果から逆算してアクションプランを決めるのです。

CHECK

相手企業の「人とお金」の流れを可視化するべし。あなたが相手している人は、決裁力がないかもしれない。

顧客の会社全体を見る

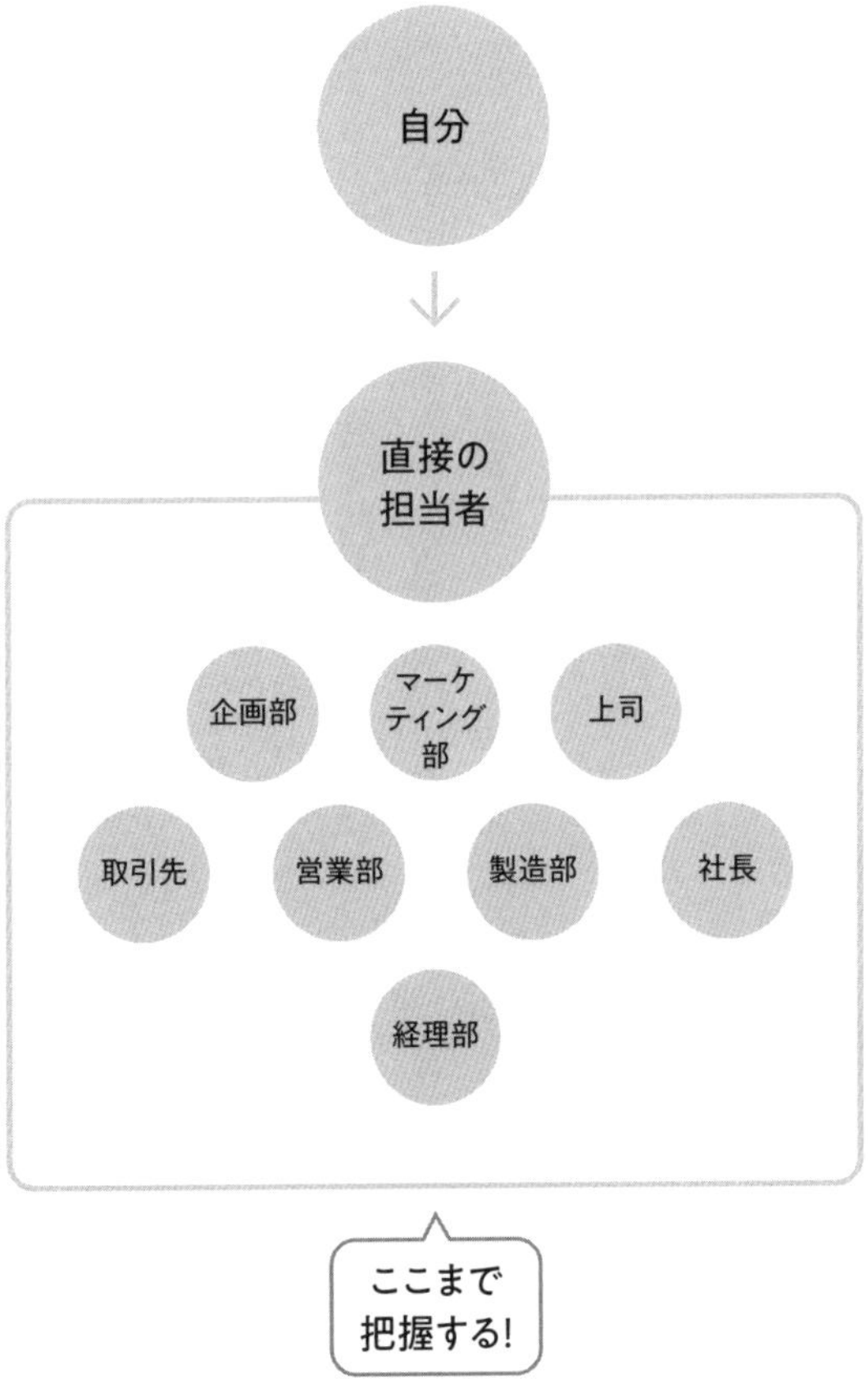
自分
直接の担当者
企画部
マーケティング部
上司
取引先
営業部
製造部
社長
経理部
ここまで把握する!

PART 2

「絶対受注」マインド

SECTION 1

受注率ではなく受注数を見る

最初から「受注率」を気にするのは三流です。なぜなら、率だけを見るなら、1打数1安打で受注した後、一切営業活動を行なわなければ10割のままだからです。挑戦を続けるのならば、率が下がることからは逃れられないのです。

大切なのは受注の数を積み重ねることです。

受注とは、機会獲得（チャンス）のことで、結果ではありません。中間指標にはなりますが、ゴールではありません。スポーツで言えば、「出場権」のようなものです。

受注によって機会（チャンス）を得て、その機会によって相手に価値を提供し、自らを高めること、これが「絶対受注」の目的です。

相手からしたら、発注後の議論ができるからこそ、あなたに仕事をお願いしたくなるはずです。受注は「打席」です。できるだけ多く打席に立つことがあなたの強みになります。

ビジネスパーソン全般も同じことが言えます。「私は会社員生活で一度もミスをしたことがなかったんだよ」と言われたら「すごい」と思うかもしれません。しかし、それよりも「数えきれないほどミスをしたけど、そのおかげで○○を成功させることができたんだ」と言われたほうが、よほど説得力があるのではないでしょうか。

打率よりもヒット数。これが絶対受注マインドです。

成功率は気にしなくてもいい。極端な話、何度失敗してもいい。むしろ、**1回でも多く打席に立ったほうが、結果を出せる確率は高まります。**

営業の数値をSFAなどの管理ツールで共有している営業チームだと、どうしても率が可視化されてしまうことはあると思います。しかし、それにとらわれてはいけません。大切なのは顧客の成功。あなたの営業数値は、お客様には関係ないのです。

「1打席、1ヒット、打率10割」。こんな成績に憧れますか？　それよりも**空振りを恐れず打席に立ち続ける人になりましょう**。打席に立つほど打率は低くなります。しかし、ヒット数も増えていくので、あなたが転職なり独立する時にも、その実績がきっと武器になります。

CHECK

受注はチャンス。ゴールではない。また、相手が成功していなければ悩みの解決に至っていない。淡々と成果に向き合おう。

SECTION 2 受注可能時間を増やす

1日の就業時間のうち、受注可能な時間は何時間ありますか？　仕事の種類によって、分母の時間は異なると思います。

では、その時間の中で、受注可能な時間を100％に近づける工夫はできているでしょうか？


ビジネスは生ものです。

去年通用したことが今年は通用しないということが年々加速度的に高まっており、お客様の求めていることも年々変化していっています。

お客様の話を聞きに行くことさえも嫌がるお客様も増えました。僕もかつて「営業の仕事はお客様の元に足を運ぶこと」と信じ、靴を何足も履き潰しました。しかし、時代は変わりました。オンライン営業が当たり前になりました。リモートワークを制する者が制するとも言われています。僕の会社も全員がフルリモートで活動しています。

一方で、対面営業を続けて業績を伸ばし続ける企業も存在します。時代が変わっても業績を伸ばし続ける人と会社の共通点は、「受注可能時間」にあったのです。ここでは、僕自身もやっている受注可能時間を増やす工夫について紹介します。

・充電器を持ち歩く

充電器を携帯し、いつでもパソコンやスマートフォンでコミュニケーションができる準備をしておきましょう。ちょっとした相談をもらえるようになるためには、「電池が切れまして……」なんて言い訳をしてはいけません。

僕は、**メールの送受信、SNSなどでの連絡、情報収集、資料作成など、それらをいつでも行なうため**に充電器を持ち歩いています。また、特に電源がなくても充電できるバッテリーを常備することをおすすめします。

・ノートとペンを持ち歩く

パソコンやスマートフォンは思考やコミュニケーションの拡張ツールにすぎません。その点、**ノートには考えることを促す**作用があります。アポイントとアポイントの合間の時間などにカフェに入って休憩するのもいいですが、そこで白紙のノートを広げてペンを持つことで、思考の準備ができます。

今日やるべきことは何があるか、お客様への提案資料のための予定表、足りない情報はないかなど、思考を巡らせる時にノートを使うと整理することができます。これは電車での移動中でもできる作業です。

上司やお客様に言われたこと「以上」のことをするために必要なのは、先手を打った提案です。それを考えるのに最適なのがノートとペンです。これを日常的に持ち歩き、すぐに開いて考える時間を取れるか取れないかで、仕事の質と速さに差がついていきます。

・営業資料を持ち歩く

「今どき紙の資料なんて」と思わず、相手から見てわかりやすい資料を持ち歩きましょう。口頭で説明した後、「のちほどデータをお送りします」と言うならば、相手の逃げ道（決断を先送りさせてしまう）をつくってしまうことになります。「資料ありますか？」と言われて、その場で渡せるかどうかが受注の別れ目になることもあるのです。

・常に顧客リストをメンテナンスする

営業はリストが命です。時間をつくって、毎日見直し、並べ替え、精査していきましょう。リストから見込みのないお客様を消すのではなく、受注に近いお客様の優先順位を上げていくようにします。毎日、メンテナンスしていると、自ずと自分がするべきことがわかってきます。

営業活動は「時間」で決まる部分が大きいです。例えば、金曜日にいただいた顧客からの問い合わせを月曜日に対応した時、顧客の気持ちは変わっているかもしれません。もしかすると「もう他社で決めました」なんてことも起こりかねません。
あなたは、受注率を1%でも高めるための準備はできているでしょうか?

CHECK

熱量ではなく、かけた時間が受注確率を上げる。

SECTION 3

同じお客様に3回会う

太く長く取引したい相手とは、3回以上会う必要があります。何度も会うからお客様になるのではなく、お客様にするために（＝受注するために）、戦略的に何度も会う必要があるのです。

同時に、**「同じお客様に何度も会ってもらえるだけの自分になること」**が求められます。

つまり、**「この人と会ったらプラスの時間になる」と思ってもらえる知識やネタを準備しておきましょう**。

以前、僕が某大手通信会社に商談に行った時、商談とは別の雑談をする中で、キャリア教育の話になり、持っている知識を総動員させて話を展開すると、とても興味を持っていただきました。その流れで勉強会を開催することになり、総勢200名を超える参加者が集まってくれました。「知らない話が聞ける」「興味のある情報を仕入れられる」、自分のことをこう思ってもらえるメリットは大きいと思います。現に、そこに参加してくださった方から相談をいただいたり、発注がくるということもありました。

同じ相手に会い続けること。これは、営業職に配属された方、全員が何度もぶつかる課題だと思います。何度も会ってもらうということは、お客様の貴重な時間をいただくことに他なりません。貴重な時間をいただくためには、自分と会って話すメリットがなければなりません。

そのひとつは、**鮮度の高い入手困難な情報です。そういった希少価値の高い情報は、発信する人の元にしか集まりません。**

だから、とにかく情報発信を続けましょう。

お客様のビジネスを成功に導くためには、自分のほうがお客様の競合の情報も知らないといけません。お客様自身が自覚していなかった競合の情報は重宝されます。

誤解があるかもしれませんが、単に「お客様の商品が好きです！　大ファンです！」というのは意外とアポを取る理由にはなりません。

僕の体験談です。営業をはじめてすぐのことでした。とあるゲーム会社にお邪魔して、「御社のゲーム、すごくやってます！」と熱く話したのですが、まったく響きませんでした。ひと通り商品の説明はしたものの、2回目以降、アポが取れなくなりました。先方のゲームの内容について熱く語り、実際にすごくやり込んでいて、たくさん課金していることも伝えました。しかし、先方の反応は薄いままでした。

後日、別のゲーム会社に行って、「違う会社でうまくいった例、うまくいかなかった例」を話したところ、とても反応がよく、「知りませんでした。勉強になります」「お詳しいですね！」と言ってもらい、仕事につながりました。ここでもまた、先方社内向けに勉強会を開催させていただくことになりました。勉強会後、他にどんなことに興味があるか聞いたところ、海外の市況や前例が知りたいということだったので、後日、調べて資料にまとめて、再度勉強会を開催させていただき、とても喜ばれました。そして、先方の上司をご紹介いただき、大きなビジネスを受注することができたのです。

これは、陥りやすい失敗の話です。企業の偉い方たちは、社内外の人から日々ちやほやされています。ただただ褒める「だけ」ではアポはいただけません。価値を提供したことにならないからです。彼らが何を求めているのか考えましょう。多少、相手にとって耳の痛い話のほうが有効だったりします。相手の成長意欲が高いほど、外部からの情報に耳を傾けてくれます。

競合他社の情報、自分のビジネスが有利になる情報をちゃんと持っている歩く情報屋になりましょう。それが、呼ばれる、選ばれる、頼られる、そんな営業マンへの近道です。

CHECK

ググればググるだけよくわからなくなる時代。
思い出してもらい、相談をもらえる人が受注し続ける。

成長意思のない相手はお客様にしなくてよい

株式会社は利益の追求と還元が目的です。

会社の存在意義、これは営業マンとして絶対に知っておかなければいけないことです。**株式会社は株主のために還元するのが目的**なので、株主がひとりしかいないオーナー企業であっても、**論理的には成長し還元し続けることがルール**なのです。つまり、現状維持ではだめなのです。

ここでいう会社というのは、読者の皆さんが所属している会社はもちろん、お客様の会社のことも指します。ですから、株式会社という看板があるなら成長しなくてはいけないという点は認識しましょう。

これは僕が新人の頃、上司に言われてはっとしたことでした。

営業から帰ってきて、「○○社に行ってきたんですけど、『間に合ってます』って言われたので、営業できませんでした」と報告したところ、「株式会社っていうのは成長しなきゃいけないいんだから、堂々と提案していいんだよ」と言われたのです。成長して売り上げをつくれる提案であれば、「そんなのいらないよ」という答えは本来的にはないということです。

これを、お客様の会社に対する基本的姿勢にしていいと思います。

では、自分の会社はどうでしょう。自分の会社の成長を考えたら、営業の仕事として、**「一番に自分が営業する商品を心底信じる」**というところからスタートしてください。その商品に対して不満があったり、信じきれないと思うなら、開発メンバーと腹を割って話し、お客様に提供できる品質まで高めることも仕事です。

「お客様はこういうことで困っている。だからこういう商品が必要。それを解決できるのは自分たちしかいない」というくらいの熱い意気込みで、対話してください。

そのようなやり取りを経て、お客様のニーズに合った商品がきちんとできあがって、それを「大変お待たせしました」と持っていくのが営業の仕事なのです。

つまり、自社がきちんと「成長を志しているか」というのは意識したほうがいいですし、お客様の会社が株式会社であるならば成長を志している前提があるので、その成長を手助けできるようないいサービス提案、商品提案をしましょう。

「すみません。この商品の話を聞いてもらっていいですか」「僕、売り上げが少ないと怒られるんで」というレベルの話ではありません。

極端な話、「最近どうですか？　御社の売り上げを上げにきたのですが、話を聞かせてもらえますか？」というくらいのスタンスでいいのです。そのくらい営業マンである自分に対して自信を持ってほしいのです。

CHECK

余り予算、節税対策などの不毛な受注を続けても、あなたも会社も国も発展しない。

営業マンの大切な役割

株式会社

利益を上げ続けなくては
ならない

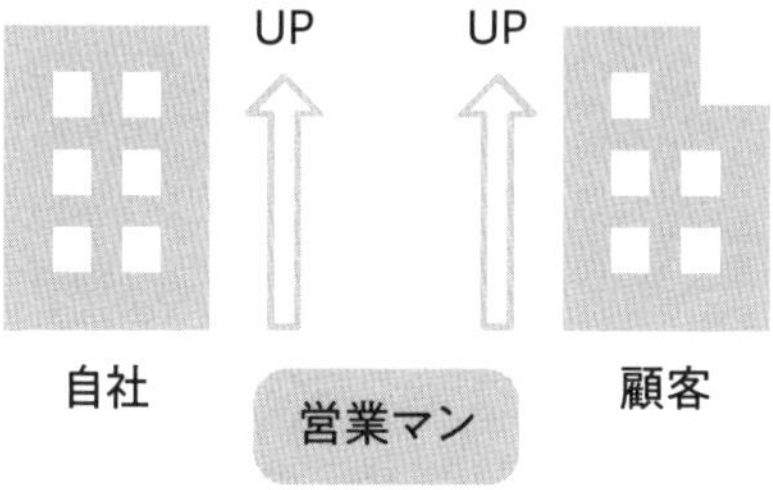

自社と顧客、両方の売り上げを
上げなければいけない

5 施されたら施し返す

「私には与えられるものなんかない」と思っていませんか？　ビジネスマンの人生はみんなそこからはじまります。何もgiveできることのない自分が、どんなgiveをできるようになるのか、順を追って解説していきます。

①自分の労力を提供する

「○○さん、いつも一所懸命やってくれているから」という発注理由は成立します。これは、義理人情という言葉で片づけるにはもったいない作用です。適切な相手に労力を提供（give）し続けると、相手もあなたにgiveします。相手が真っ当な人間であれば、そこに「返報性の原理」が働きます。

②情報提供も立派なgive

特定業界の最新ニュースをメールで定期配信してくださる営業職の方がいます。それ自体、とてもよい取り組みだと思います。しかし、該当記事のURLを貼りつけるだけではもったいないと感じます。そこに**営業職としての自分が介在する価値を生み出せているかどうか**、ここを自問自答してみてください。

たとえば自分なりの解釈を加えることができます。「このニュースを聞いて、私はこう考えました」とつけ加える文章に、あなたの介在価値があります。その論評自体に正解・不正解はありません。しかし、情報を解説してくれるという立ち位置が築けると、相手から相談をもらえる関係へと昇華できるのです。

③このままgiveを続けて大丈夫なのだろうか

一定のgiveを続けていると、「この先、takeできるのだろうか」と思うようになるでしょう。この点は必ず気にしなければなりません。自分の責任で、takeをしなければなりません。それができなければ、自社が潰れてしまうからです。

「お客様のために」という姿勢は正しいものです。しかし、自分を雇用する会社もまたお客様のひとりです。自分が成果を出しても出さなくても給料を支払ってくれる正規雇用であるならなおさらです。営業活動すること、提案資料をつくる時間、すべてにコストがかかっています。

takeするためのひとつの行動として、お客様に見積書を提示してみましょう。見積金額を示していないから、ずるずるとビジネスのない関係が続いてしまうというケースは多々あります。見積もりを示し、相手の顔が曇ったなら、トライアルプランなどを用意します。トライアルプランでさえ無料にしてほしいという担当者であれば、思いきって営業を打ち切ってもいいでしょう。発注の見込みがない相手に時間を使い続けるのはもったいないことです。我々にも売る権利があります。

悩んだ時はひとりで抱え込まず、上司に相談をするか、失礼を承知で相手に尋ねてみるのもいいでしょう。率直な質問ができない関係性であれば、ビジネスに発展する可能性も低いとも考えられます。

また、仕事をタダで受けてしまうと、その先に続く人（自分の後を引き継ぐ人など）に迷惑がかかってしまいます。「あの人は無料でやってくれた」と言われてしまうのです。値引き交渉で悩むくらいならば、正々堂々と対価をいただくようにしましょう。そのために、まずは対価にふさわしい、またはそれ以上のgiveをすればいいのです。

売り上げを上げる人は、プロセスを大切にします。
プロセスとは、どれだけ頑張ったかという抽象的なことではなく、普段のやり取りのことです。たとえば、メールやメッセンジャーのレスポンススピード、定期的な情報交換、依頼されたことを期日通りに進められているかなど。それ自体が信頼獲得の種になります。それができていないのに、受注できるはずがないことは誰でもわかるのではないでしょうか。

CHECK

奪い取る姿勢はビジネスに向かない。お互いの力を持ちよって、価値創造すること。そのための最初のきっかけを与えよう。

SECTION 6

お客様との関係性をデザインする

関係性とは、「ある」ものではなく、「つくり育てる」ものです。

「学生時代の先輩後輩だから」という理由だけで大金を払うことがあるでしょうか？　比較検討の際の要素のひとつになることはありますが、それ自体が決め手にはなりません。それを決め手にしてしまうような決裁者は危険です。

関係性とは、人と人との関係のありようで、**営業活動における関係性を表わすキーワードは「支配」「依存」「主体性」**です。

「支配」とは、権利獲得のことです。たとえば「M＆A」「企業買収」というのは、わかりやすい支配関係です。支配関係という言葉は、聞こえが悪いように感じるかもしれませんが、ビジネス上はよくあり得ることです。

営業の場面でいうと、相手に自分の労力、リソースを支配してもらうという提案ができます。たとえば、提案回数に値段をつけるとか、コミット時間に値段をつけるなどということです。人材派遣やコンサルタントなどがよく行なう営業手法です。

「依存」とは、その対象がいなくなると困る関係のことです。

本来、継続的なビジネス関係をつくる上ではおすすめしません。しかし、戦略的にそうすることはあります。ある企業では、顧客との会話の時間をＫＰＩ（評価指標）にしてライバル企業と顧客が接触する時間を1分でも減らし、自社への依存度を高める施策をとっています。また、顧客から複数の契約関係を結ぶこと（コンサルティングと受託開発、デザイン制作と広告企画など）で、新規の法人と契約を結ぶよりも同じ会社でこと足りるように促すという依存関係を狙った戦略もあります。

「主体性」とは、お互いの選択肢が複数ある中での関係性のことです。これは比較的、健全な関係性です。それゆえに、経済合理性により契約関係が絶たれる懸念はあるものの、自社の商品価値を高めるにはよい関係性と言えるでしょう。

具体的には、提案時に他社の商品との比較を自ら示すことがあります。決して他社商品の弱点だけを指摘するのではなく、それぞれのメリット・デメリットを客観的に伝え、相手に選んでもらうという方法です。しかし、相手も決め手に欠けることになり、決めあぐねるというケースになる場合もあります。その場合は、戦略的に自分や自社に依存させる形で最初の一歩を踏み出すように促すことができます。

このように、営業はお客様との関係性をデザインしていきましょう。つまり、**お客様との関係性は意思を持って設計するべき**なのです。3つのキーワードを頭に置きつつ、点ではなく一定の時間軸で設計することが営業職の務めなのです。

CHECK

出会う人全員が明確な意思を持っているわけがない。
あなたの意思でリードしていこう。

SECTION 7

実績なんかなくても自信を持つこと

営業職に自信は必須です。自信とは結果の後に生まれるのではなく、自信があるから結果がついてくるということを覚えてください。

ビジネスでは、約束を守るべき場面がたくさん出てきます。たとえば、書類の納期、上司からの指示、業務のマニュアルなどがありますね。しかし、「私は約束を破ったことがない！」と胸を張って言いきれる人は、ほとんどいないのではないでしょうか。

誰しも1度くらいは納期に間に合わなかったり、指示を忘れて上司に叱られたりしたことがあるはずです。私もその例に漏れません。また、チームで仕事をしていると、自分以外のメンバーのミスによって約束が守れないことも多々あります。約束は守れなくても、他の人がフォローしてくれたりすれば、仕事はなんとかまわるものです。

では、**約束を守らないことの怖さ**はどこにあるのでしょうか？

それは、**自分に自信が持てなくなること**です。

「肝心なところで自分は約束を守れない」と弱気になると、仕事のパフォーマンスが下がり、やがて本当に失敗する。失敗によってさらに自信がなくなり、次の仕事も失敗する……。こんな悪循環に入ってしまうことが多いのです。

自分との約束を守ることで自信が持て、他人との約束を守ることで信頼につながります。

自分にはまだ、何の実績もない――。そう思う人は、まずは「自分との約束」を一つひとつ果たしていくことに集中してみてください。

約束といってもたいしたものでなくてよいのです。

「朝、出社したら元気に挨拶をする」

「前日のメールの返信は午前中に終わらせる」

「お客様への持っていく情報を最低3つは集める」

この程度で十分。挫折しないコツは、欲張らないことです。

はじめは、「なんだ、そんな簡単なこと」「すぐにできるじゃないか」というくらいのことがちょうどいいでしょう。タスクは、まずは1個、それが達成できたらもう1個、と少しずつ増やしていきましょう。昨日よりもちょっとだけ難しいタスクに挑戦していくというのがポイントです。

続けていくうちに、「あれ、入社したての頃はメールの返信だけで1日かかっていたのに、最近では朝の1時間で終わっているな」など、自分の成長に気づける時がくるはずです。その自信が受注という結果につながっていくのです。

CHECK

「できた」を積み重ねると「できない」ことが許せなくなる。結果、「できる」ようになる。それが習慣の力。

SECTION 8

自信とは自分との信頼関係

自分が動いた分だけ世の中は変わります。

これは事実です。今は実感が湧かなくても、そう思い込むと仕事がもっと面白くなります。

ビジネスの基本ルールは約束を守ることです。お客様との約束、上司との約束、そして前項で述べたように、自信をつけるためには、自分との約束に応えることが必要です。

自分が自分に対してお願いしたことを実行し、「やりきったね」と自分に言うことによって自信がつくのです。**自信があることが、一番パフォーマンスが出る状態**

になります。

しかも、約束を守るという基礎は、学生時代にやっていたからといって社会人になってもできるというわけではなく、社会人1年目にできていたからといって10年目にも同じことできるかというと、そういうことでもありません。きちんとメンテナンスしないと、崩れてしまう習慣なのです。

社会人1年目には、何でも「はい」と答えて、上司の先まわりをして資料を出して、などといろいろできていたのに、10年目になって気が緩むと、たとえば平気で遅刻をしたり、資料を揃えなくなったりして、その場しのぎで何とかしてしまうと、新しいことをやろうとした時、新しいお客様と会う時、少し自信がなくなってしまうのです。言いたいことが言えなかったり、こんな依頼がきたら答えられないかもと思ったりして、だんだんと仕事のサイズが小さくなるケースが多発します。

ですから、**1年目だろうが、10年目だろうが、基礎なので、やり続けなければいけないのです。**パフォーマンスを上げるというのは、栄養ドリンクを飲んで一気に元気になるという話ではなく、けがをしない体をつくる準備体操と同じくらい、当たり前にやらなくてはいけないことです。
自信をつけること自体に結果は伴いませんが、それがないと結果が出る状態になりません。これは、不思議な力だと思います。何年もコンスタントに受注を得ている営業マンに共通している習慣です。

CHECK

自信を失ったら、営業職は終わり。
自信を失わない工夫を自ら施すこと。

PART 3

よいお客様と出会う方法

「よいお客様」とは誰のことなのか

誰をお客様にするかは、「決める」ことです。「見つかる」のではありません。「絶対受注」を実践しているトップ営業マンたちはすべからく、自分が担当するお客様を自ら決めています。もちろん、最初から「選んでいる」わけではありません。**自分が一番貢献したいと思えるお客様に対して、つき合う意味を自分なりに解釈しているのです。**

圧倒的な成果を出すためには、お客様を「見つける」のではなく、「決める」ことが重要。なぜなら、その後のつき合い方が圧倒的に変わるからです。「見つける」では「見つかる」になってしまい受動的になり、正解があるものだという前提で、それが見つかるまで待つという状態のため、いつまで経っても受け身になりがちなのです。

これに対し「決める」は、今ある数多くの選択肢の中から、考えてどれにするか決めること。すなわち能動的なのです。

能動的であるがゆえ、後から自分で変える、改善することができます。自社と需要と供給がマッチしているお客様、自社に最も利益貢献しているお客様の優先順位を上げて、「自分のお客様」に決めていくのです。きっかけが受け身であっても、この相手の成果に貢献しようと決めることはできます。それは、何人、何社と数が増えてもできることです。

新たに目標を決めると、自分はどんな目標設定なら一番パフォーマンスが出せるか、一番頑張れるか、というところを改めて見定めていくことになります。

お客様を「決める」ことは、ベテランになっても難しい仕事です。目標顧客設定は常に磨き続けるべきスキルです。そのスキルを磨くためには、**何度もチャレンジ**

し、その目標自体が高すぎないか、低すぎないか、振り返ることです。

とにかく「決める」回数を増やしましょう。そして、なるべく自分で決めましょう。目標顧客に対する「決断経験値」を増やしていくのです。

CHECK

決断経験値は、自分だけでなく相手の決断をサポートすることにもつながる。無駄にならない力。

SECTION 2

なぜアポが取れないのか?

——営業の種類とコツ

アポの取り方は何通りあるでしょうか?

本項では代表的なものを紹介します。「古いな」と思う方法があるかもしれませんが、そもそもあなたはこれらの方法をすべて試しましたか? 意中のクライアントに手紙を書いたことがありますか? 寒い冬の日に早朝からお客様のビルの前で待ち伏せをしたことがありますか?

やってみればわかります。知っていてもやったことがない方法も、試してみることで、自分の殻を破ることができます。古典的でも一定の確率でアポ取得ができるやり方はいつの時代もなくならないものです。

「なぜアポが取れないのか?」その答えは、知っていることを行動に移していない

からです。ただ、それだけです。

・電話営業

電話営業は確率論です。事前にリストを準備し、そのリストをやりきることを意識すれば一定の成果がでます。

どの業種であっても、100人にひとり程度は、絶対に会ってくれる人が現われます。

「営業出身の社長は、営業マンに弱い」と言われており、会ってくれやすいという統計もあります。ですから、電話したけどアポが取れないと思っている人は、100件かけたかどうか、まずは自問自答しください。

ポイントは、電話をする時間をきちんと設定することです。

社内の人に電話営業を聞かれるのが嫌だったら、部屋を確保してやりましょう。同僚や上司に近いデスクで電話営業をはじめると、「何か言われるんじゃないかな」「説明が下手って思われているんじゃないか」というプレッシャーで、後まわしにしがちです。後まわしにするとあっという間に1週間すぎてしまいます。だから予定にきちんと入れることが大切なのです。

少し慣れてきたら、まわりに人がいる場所でやってみてください。今度は、自分の電話営業についてまわりから指摘やアドバイスをもらうためです。営業も3年目、5年目になるとまわりから指摘をもらえなくなります。ですから、指摘をもらえるというのは、今しかない成長の機会だと捉えましょう。

・飛び込み営業

飛び込み営業する時は、エリアと件数を決めましょう。

日本には1・2億人の人がいて、400万を超える企業があります。大前提として、まだ会えていない人・会社のほうが多いことを自覚しましょう。特に、ニーズが潜在的な商品を扱う場合、断られて当然です。しかし、必ずその商品を求めている人はいます。まだ出会えていないのは行動量の問題と捉え、数をこなしましょう。

決裁者がいない可能性もありますし、営業お断りのケースもあるので、難易度は高いです。実際、僕も飛び込み営業ではあまり決まりませんでしたが、たくさん訪問するので、「やった気」にはなります。

ここで伝えたいポイントは、**「決定確率は何％か」**ということ。1件でも受注できれば、確率を算出できます。その労力と成果を天秤にかけて、必要かどうかを見極めましょう。3件、4件やってみて反応が悪かったからと、「飛び込み営業はダメだな」とやめてしまうのではなくて、まずは100件はやってみましょう。営業では、「100」という数字がマジックナンバーです。確率を測るために、100件はこなしてみましょう。

・同行営業

特に大きい会社の営業マンに向いているアポ取り方法です。**他部署の話しやすい先輩や、グループ会社の同期や先輩のところへ行って、「お客様のところへ一緒について行っていいですか」とお願いして同行させてもらいましょう。**

つまりは、同僚や先輩のお客様を紹介してもらうという営業方法なので、アポを取ったり提案をしたりしたらその都度、必ず報告をすることが必要です。さらに受注したら、きちんとお礼をしましょう。逆の立場の場合、何も報告がなければ嫌な気持ちになりますよね。とても基本的なことですが、気をつけてください。

・紹介営業

個人的にはおすすめの方法です。

ひと言で言うと、**紹介営業とは信頼を借りるということ。**自分、Aさん、B社がいて、B社に行きたい時に、Aさんを介すことによって行けるというやり方です。Aさんが B社と温かい信頼関係を築いていれば、直接飛び込みで行くより、Aさんが「信頼している人を紹介します」という前提で行ったほうが、信頼を借りることができます。

自分が信頼しているパートナーに、その人が信頼されている会社を紹介してもらう、これが一番いい構図です。とにかく、信頼がとても大事です。

この場合、成約するスピードも早くなる分、B社に対して失礼なことがあるとAさんの顔に泥を塗ることになってしまうので、**責任は2倍**になります。ミスをしたら、2人にお詫びをしないといけません。一方、成果を出せれば、2人から感謝されるので、素晴らしい営業方法です。

信頼というのは、単純に言うと、約束を守ること。

約束を守り続ければ絶対に大丈夫です。つまり、守れない約束はそもそもしないこと。「この日までにお願いします」と言われて、期日が間に合わなそうなら、そこは断るというくらい約束には厳密になること。これが、紹介営業で大切なポイントです。

CHECK

某住宅メーカーでは、路上でのキャッチセールス経由で年間1000億円の売上をつくっている。知っていることと、実際にやってみることの差はデカい。

一見古いけれど確実な営業手法

電話営業	・100人にひとり程度は会ってくれる人がいる ・電話をかける時間を押さえる ・先輩の近くで行ない、フィードバックをもらう
飛び込み営業	・エリアと件数を決める ・確率を測ることが一番重要 ・確率を上げるか、分母を増やすかは後で判断する
同行営業	・大きな会社に向いている ・進展の報告を必ずすること ・商流を守ること
紹介営業	・効率のいいおすすめの営業 ・紹介者の信頼を借りていることを忘れない ・責任は2倍

SECTION 3

あなたもお客様を選ぶ権利がある

営業の成果をあげるためには、買う気のないお客様は容赦なく切り捨てることも必要です。「切り捨てる」なんて、表現がきつく感じるかもしれません。日本の商習慣的に、「お客様＝神様」という風潮が残っている業界もありますが、ここでは悩める営業マンを代弁して、「切り捨てる」と表現します。

買う気があるかないかを判別するために、お客様には次の点を聞いてみましょう。

「なぜ今日ここにきたのか」
「何を期待しているのか」
「今日、決めることはできるのか」

これらを聞けと言われて、聞ける人はあまりいないでしょう。なぜなら、自分の商品や提案に絶対的な自信がないからです。自信があれば、聞けるはずです。なぜなら、決めないとお客様が幸せになれないことが、自分には見えているからです。

たとえば、あなたが買う気がないまま、自動車の販売店に行き、この質問をされたらイラっとするかもしれません。しかし、少しでも購入意思があれば答えるはずなのです。「今の車を乗り換えることを考えている」「次のボーナスで購入を検討している」など。すると、営業担当者も、もらった回答に応じた提案ができます。

営業職もまた、お客様を選ぶ権利があります。

鋭い質問を投げかけ、それで帰ってしまうのなら、それはフィルタリングの成功と言えます。思い切って踏み込むことも時には必要です。

誰しもが最初から「よいお客様」ではありません。

ですから、自分が関わりたい、取引したいと思える相手に時間を使い、よいお客様へと育てていったほうがよいのです。

育てる方向性は、「相手が気持ちよく決断できるようにすること」。そのためには、困り事の理解を互いに深めたり、お客様が安心して自分と接していただけるような言葉と行動を心がけましょう。

営業職は、自信を失ったらおしまいです。自信をなくさないようにメンタルを鍛えることも必要ですが、プライドを守る努力もまた必要です。そのためにも、買う気のないお客様、無理ばかり言ってくるお客様、自尊心が傷つけられるような行動をしてくるお客様は切り捨ててもよいのです。

日本だけでも人口は１・２億人、企業は４００万社もあります。お客様は他にもいると思って、顧客を見極め、選び、決断する力もつけていきましょう。

CHECK

買う気がない人を買う気にさせることはできる。しかし、問題を解決しようという気概のない人を、その気にさせるのは難しい。

SECTION 4

よい問題発見がよい解決策を生む

「問題発見」と「問題解決」。どちらが大切だと思いますか。

問題解決に目がいきがちですが、「よい問題発見は、解決を助ける」と言われています。

お客様からの話で、「ここが課題だから、この商品をください」と言われても、言われた通り動くだけでは十分ではありません。お客様の発する言葉がすべてを表わしているわけではないのです。

営業職の仕事の目的は、お客様（お客様のビジネス）を成功に導くことです。リクエストされたことをただその通りやるのではなく、お客様とたくさん接点を持って、本音を引き出すことが営業マンには欠かせません。たとえば、業績があまりよくない時期だと、お客様の視野が狭くなって目先のことしか見えていないケースもあるからです。

ここで立ち返ってほしいのが、**「そもそも、なぜこの仕事をしているのか」**ということです。**「御社のビジョンはこうですよね」「中長期の目標を考えるとこちらのほうが優先度が高いように思います」**など、大局的な視点で提案してみましょう。**お客様の会社の中の人では見えない視点を提供することも営業職の務めです。**

つまり、**営業が介在する価値**です。こまごまとしたお客様のリクエスト・依頼にすべてきっちり応えることは大前提で、大事なことです。それに加えて、前述のような本質的な逆提案ができる営業職は信頼してもらえます。

この逆提案をするための魔法のキーワードがあります。

それは**「そもそも」**です。問題発見と問題解決の両側面から解説します。

こまごまとしたお客様のリクエストに応えること、たとえば「広告費用がいくらあるので最適なプランニングをしてほしい」というのは問題解決です。すでに問題を提示されて、その解決策を求められています。

この問題解決のシーンで、問題発見をしてあげるということが逆提案です。「そもそも、広告費って使いきらないといけないのでしょうか？」「新卒採用名10名が目標ということですが、そもそもなぜ10名必要なのでしょうか？」というような質問をすることです。

この問題発見能力は、問題を発見した回数によって磨かれます。お客様から何か質問や要望を依頼される度に「これってそもそも……？」というように頭を働かせましょう。

目上の人には使いづらいかもしれませんが、大丈夫です。同じビジネスの目的に立ち返り、フラットに問題を発見する姿勢は正義です。

CHECK

よい問題発見によって、その問題の半分は解決する。
結果が出ない人の多くは、そもそも問題を見誤っている。

問題発見力を磨く

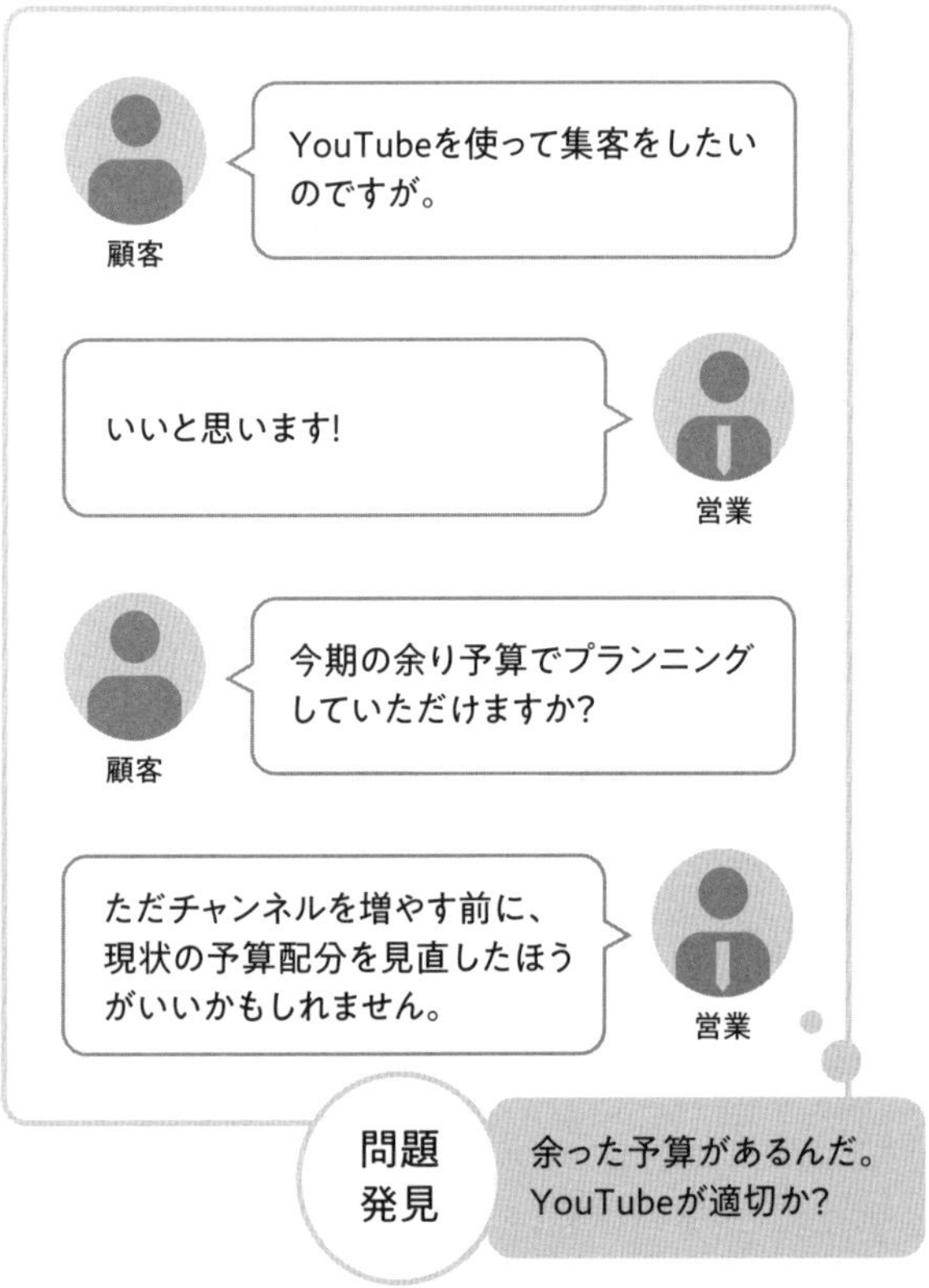
顧客
YouTubeを使って集客をしたいのですが。
いいと思います!
営業
顧客
今期の余り予算でプランニングしていただけますか?
ただチャンネルを増やす前に、現状の予算配分を見直したほうがいいかもしれません。
営業
問題発見
余った予算があるんだ。YouTubeが適切か?

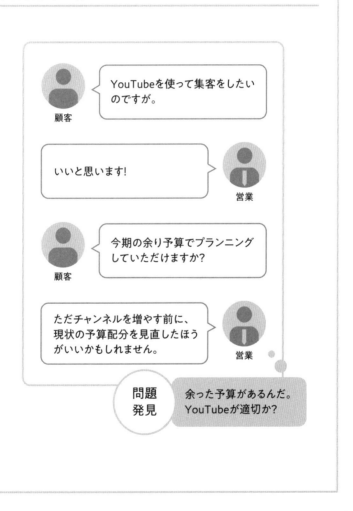

SECTION 5

一次情報が課題の源泉になる

お客様の元へ足を運ぶ理由、それは、**重要な情報、最先端の情報はググっても出てこないから**です。ここでのキーワードは「一次情報」です。一次情報は、二次・三次情報（ニュースメディアや人伝いの情報）ではなく、自分が五感で直接感じ取った課題の源泉のことです。課題の源泉には、受注の可能性が潜んでいます。

ありとあらゆる情報が得られるネットがある現代では、自分で調べるのがマナーかもしれません。しかし、ネットの中にもない情報はたくさんあります。そんな中、お客様に「こんなこと聞いたら怒られるかな」と思い悩む時間は無駄です。その理由は次の2点です。

①ネットには間違った情報も多い

たしかに、「質問する前に、自分で調べてみなさい」というのはわかります。ネットメディアの情報は、全体像をつかんだり、事前知識を身につけるには役に立ちますが、それだけでビジネスのジャッジをするのは危険です。**ネットには間違っている情報や古い情報がごまんと落ちています。そこから適切な情報を得るには、情報の取捨選択を行なう情報リテラシーが求められます。**野球でも、はじめに間違ったスイングを覚えてしまうと、矯正に時間がかかります。それなら、信頼できる先輩なり上司なりを見つけて、いつでも聞ける関係を構築するべきですし、お客様に真剣なまなざしで質問したほうが現時点の本音を仕入れることができます。さらにはその場で意思決定をいただくことも可能になるのです。

②本当に価値ある情報はネットにない

本当に大切な情報は、二次・三次情報であるインターネット上には落ちていません。検索して無料で得られる情報は、所詮表向きの情報。スポンサーありきの広告記事も多くあります。本当に大切な情報や本音は隠されていたり、直接人に聞かなければ得られません。課題の源泉は人だからです。

国や企業のトップも重要な事項は、会って話します。大切なノウハウも、人にしか蓄積されません。社内でも、できる人ほど自分のノウハウは包み隠さず話してくれるものでしょう。

下手なプライドを持つ前に、仕事のできる人に素直に聞く謙虚さを持ちましょう。

お客様に「そんなことも知らないの？」と思われることを恐れ、自分だけの力でやりきることとは、責任感のある行動とは言えません。困った時は解決法を自分で探すより人に聞いたほうが早いことも多いです。お客様に何でも聞ける関係性を築くことに力を入れましょう。

CHECK

相手から直接困り事を仕入れることが、その後の営業活動の原動力になる。

SECTION 6

よい顧客のまわりにはよい顧客がいる

「類は友を呼ぶ」という言葉があります。気の合う人や似通った人は、自然に集まってコミュニティを形成するという意味の言葉です。

このような概念は、ビジネス上の人脈にも当てはまります。

事実、優秀な人のまわりには優秀な人がいるものですし、反対に、優秀でない人のまわりには優秀でない人がいるものです。それは、同調本能という人間が本来持つ行動原理の観点からも自然なことと言えるでしょう。営業の場面での「優秀な人」の定義は、「自ら課題解決に向けて意思決定ができる人」のことです。

そうした自然の摂理を考えると、いかに「紹介営業」が優れた手法なのかがわかります。

つまり、優秀な人が集まるコミュニティに参加し、その中で信頼を得て紹介されるようになれば、優れた人脈が自然と形成されていきます。その結果、自らのビジネスが大きく飛躍する可能性もあるということです。

短期間で成長している人は、そうした優秀な人材が集まるコミュニティと、そこから派生する紹介の効力を最大限に活用しています。

その背景にあるのは、よい顧客のまわりにはよい顧客がいる、ということなのです。

また、特に紹介営業に関して言えば、紹介での出会いは双方に感謝する必要があります。つまり、紹介してくれた人と、紹介された先の両方のことです。

それぞれにきちんと感謝の意を伝えることで、新たな紹介につながる可能性があります。

さらに、自分が誰かを紹介する場合についても考えてみましょう。

そのようなケースでは、紹介する当事者のことはもちろん、紹介する相手のことも考えなければなりません。なぜなら、双方に影響が及ぶためです。

紹介した人が信用できない人であったとしたら、紹介した相手に迷惑がかかります。一方、紹介した先が信頼できない会社であったとしたら、紹介した人に迷惑がかかることとなるでしょう。

そのように、紹介によって自らの評価にも影響が及ぶことも忘れてはなりません。よい顧客のまわりにはよい顧客がいるということを加味して、できるだけ良質なつながりを構築しておきましょう。そうすれば、自分が紹介する立場になったとしても、プラスの評価につながりやすくなります。

CHECK

自分にとってのよい顧客は誰なのか。共通する要素は何か。わからなければ、「悪い顧客」の分析からはじめるのもひとつの手。

PART 4

「絶対受注」に導くコミュニケーション

SECTION 1

商談はキャッチボール

商談はキャッチボールです。スピードよりも会話のやり取りが重要になります。相手の意思決定を促すことが目的だからです。営業の練習でロールプレイングがありますが、そこで説明の練習ばかりしていると、プレゼンは上達するも商談が下手なままになってしまう懸念があります。

キャッチボールにおいてに重要なのは、「相手が受け取れるボールを投げる」ということです。

たとえば、ある分野の基礎知識がない相手に対し、専門用語を並べて説明することは、子ども相手に時速150kmのボールを投げるようなものです。到底、相手は受け取れません。

子どもが相手なのであれば、できるだけ優しく投げてあげるべきでしょう。ボール自体に関しても、硬式ではなく軟式のボールを使ったほうがいいかもしれません。これが、本来の意味での「会話はキャッチボール」ということなのです。

もちろん、いつでも優しく投げればいいというわけではありません。

経験者に対してなら、優しいボールが失礼にあたる場合もあるでしょう。そのような時には、ビシッと投げることが礼儀になります。

会話の場合であれば、相手が受け取れるであろう最適な言葉を選んで話すことです。さらに、話すスピードはどのくらいがいいのか、電話、メール、手紙、会って話したほうがいいのかまで考えてコミュニケーションを設計しましょう。

大切なのは、自分が投げたいボールを投げるのではなく、相手が受け取れるボールを投げるということです。

また、相手がほしいボールが何かを見極めることも重要です。

自分が投げたいボールを投げるのは、相手のことを考えていない証拠です。それでは、相手が気持ちよく受け取ることはできません。

商談もまた同じです。相手のことを考えずに話していると、相手にきちんと届かず、一方的な会話になりかねません。それはコミュニケーションではないのです。どうすれば相手がほしいボールがわかるかというと、それは質問です。相手に聞くのが最短の方法です。あなたに察する力があるのであれば、全力で察してみてもいいかもしれません。しかし、トップセールスほど、早めに質問をします。自分が「知らない状態」であることを理解しているからです。

商談はキャッチボールであるということの意味をよく理解し、相手に合わせて、言葉やツールを吟味して使うようにしましょう。

CHECK

トップセールスは相手に語らせる。
商談はプレゼンではない。作戦会議だ。

SECTION 2

「事実」と「解釈」を分ける

良好なコミュニケーションには、「事実」の確認が必要です。お互いに事実が何であるかを確認しておかなければ、建設的な議論の土台はつくれません。非建設的な議論というのは、前提となる事実が共有されていないものです。事実が何であるのかわからないまま「私はこう思う」「いいや、私はこうだ」などと、お互いに好き勝手なことを言っているだけです。

それでは、いつまで経っても議論は平行線となります。土壌が整っていないから芽が出てこない。だからこそ、まず土壌、土台となる事実を確認しておくことが必要です。その上で議論を進めていくのが基本となります。

ただし、最終的な決断については「解釈」の問題となります。**事実を踏まえ、どのような解釈によって実行するのかが、意思決定のポイントだからです。**

たとえば、ある事業に1億円投資したとしましょう。得られたリターンは80％でした。これは、議論の前提となる事実です。

このような事実があることを踏まえ、「80％であれば成功だ」と捉えるか、あるいは「101％以上なければ失敗だ」と捉えるのかは、解釈の違いです。そして、**解釈の違いが、実行の違いとなるのです。**

たとえば、コンサルティングのフレームワークに「空、雨、傘」というものがあります。「空を見て、雨が降りそうだと解釈し、傘を持って行く」というロジックのことです。

このロジックには、「事実があり」「事実を解釈し」「その解釈から実行する」という流れがあります。この順番が大事なのです。

単純に、「雨が降りそう＝傘を持って行く」と考えてはいけません。なぜなら、雨に対するソリューション（解決）は「レインコートを着ていく」「車で行く」「そもそも外出しない」など、さまざまだからです。

「雨が降りそうなら傘を持っていくのが普通でしょ?」といった個人的な判断を議論のベースにしてしまうと、事実ではなく「意見」が土台となり、議論は平行線をたどってしまいます。議論が嚙み合わないという状態です。

そうならないよう、事実からスタートする。そして、事実から解釈し、解釈から決断・実行する。この手順自体を相手と共有してから議論を進めましょう。

CHECK

「揚げ足」を取るわけではない。
お互いの利益を最適化させるために議論を整理しよう。

議論の土台は「事実」

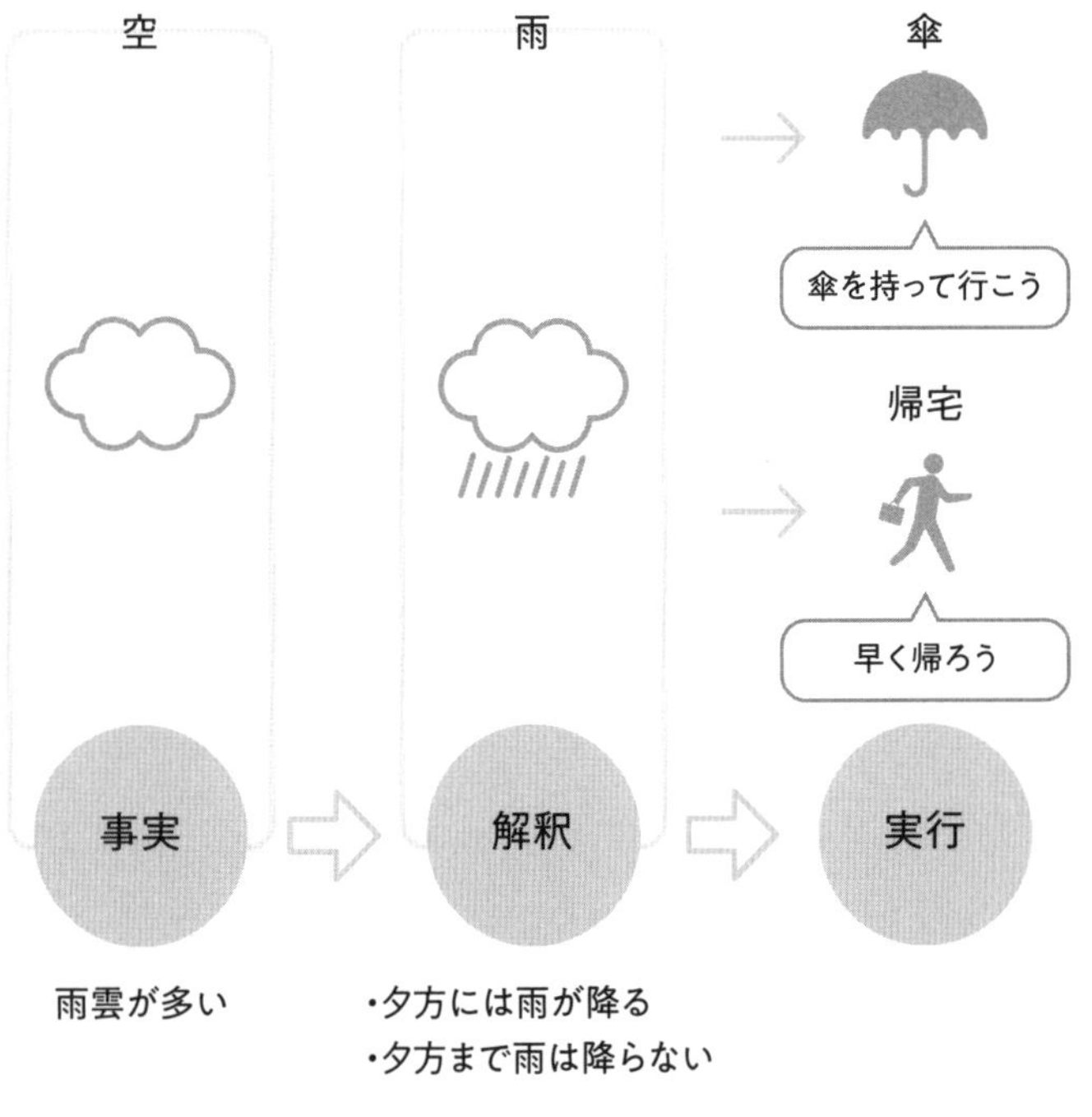

事実―解釈―実行の手順と内容を確認して
コミュニケーションすること

SECTION 3

コミュニケーションは人を動かすためにある

コミュニケーションの目的は、「人を動かすこと」に集約されます。

営業の場では、**「他人の決断を促すこと」がコミュニケーションのゴールとなります**。契約してもらうこと、判子を押してもらうこと、上司に相談してもらうことなどを目指して行ないます。

もちろん、最終的な決断を引き出すためには、相手の心も動かさなければなりませんから、コミュニケーションを行なう際には、どうすれば相手の心が動くのかも考える必要があるでしょう。

また、社内ミーティングの場合はどうでしょうか。

ミーティングは、お互いの意見を出し合い、ひとつの方向へと集約していく作業です。そこで行なわれているのは、「作戦会議」です。

ミーティングに参加するメンバーが、ゴールを理解した上で、お互い何ができるのか、何をどの順番で行なうべきか、作戦を決めることがミーティングの目的となります。

このような認識がないままミーティングに参加すると、何のための時間なのかわからなくなってしまいます。

ただし、毎回のミーティングで「何かを決めなければ」と意気込んでしまうと、ミーティングに対して腰が重くなってしまい、結局は決断を先延ばしにすることになってしまうかもしれません。そのような時は、情報の共有や感情の共有をゴールにするのもよいでしょう。

CHECK

相手を動かす目的において、「オンライン」だけで成立するか否かは今一度考えたほうがいい。

SECTION 4

伝わる人は「間」を使う

会話の中で、特に伝えたいことを話す時は、話す直前に一定の〝間〟を置くようにしましょう。話の直前に間を置くことで、より相手に伝わりやすいトークを展開できるようになります。

たとえば、「この商品は、お客様のためだけにパッケージングしてきました」と言うのと、「この商品は、…（間）…、お客様のためだけにパッケージングしてきました」と言うのとでは、相手に与える印象は大きく異なります。

間を置かないでいると、会話はただ流れていくだけです。それでは、よほど興味深い話でないと、聞く姿勢になってもらえません。

間を置いて話をすると、沈黙を通して「どんな結論が待っているのだろう」と興味を持ってもらえます。空白の時間が、相手の関心度と理解力を高めるのです。それが、間の力です。

伝えたいことがある時ほど、間を上手に活用したほうが効果的です。

難しく考える必要はありません。どうしても伝えたい言葉の前に、ワンテンポ置くだけでいいのです。**具体的には、2秒ほど置くといいでしょう。**

最初のうちは、頭の中で「1、2」と数えてから言葉を発してみてください。そうすることで、相手の注意がこちらに向くのがわかるはずです。

そして、こちらに注意が向いてから、伝えたい言葉を発します。そのようにして、より伝わりやすい間を活用していきましょう。

CHECK

意味を伝えるためには、文章と同様、話に句読点を活用する。

SECTION 5

知ったかぶりは必要悪。ただし2回目はない

話の中で知らないことが出てきた時、会話のリズム上、止めないほうがいい場合があります。しかし、知らないことを知ったかぶりしたままにしてはいけません。営業にとって知識は相手に対する礼儀だからです。

知らないことを知ったかぶりしてしまった瞬間、「後で調べる」を予定に入れましょう。

知らないことを知らないままにするのは、新しい知識を吸収することをやめてしまっているのと同じです。

仕事ができる人は、知らないことをきちんと「知らない」と言えます。知ったかぶりをしないことで、相手から情報を引き出せる自信があるからです。

一方で、仕事ができない人ほど、知らないことを知ったかぶりします。自分の無知を認める自信がないからです。

ビジネスで成果をあげるには、複数の情報を精査した上で、より正しい決断をしなければなりません。その前提となるのは、確かな情報です。**正しい情報がなければ正しい決断もできません。**

特に現代では、新しいテクノロジーが次々に誕生しています。それらすべての情報を、自分だけで網羅するのは不可能でしょう。

では、そのような状況でよりよい決断をするためには、どうすればいいのでしょうか。

自分で情報を網羅できないのであれば、人に聞けばいいのです。それぞれの分野の専門家に話を聞き、適切な情報を集めれば、正しい判断につながります。

そのような過程を経ることなく、つまり、知ったかぶりをしたまま物事を判断していれば、結果が出ないのも仕方ないでしょう。

CHECK

大人になっても成長するのは「教えてください」と言える人。

わからないことは、正直に「わかりません」と伝えましょう。そして、「教えてください」と頼むのです。

相手が年下であっても、部下であっても関係ありません。自分が知らないことを知っている人は、自分に対して新しい情報を与えてくれる有益な人材です。

どんな相手にでも教えを請える人。それが、どんな分野でも結果を出すことができる人の特徴です。知らないことを、知ったかぶらない癖を身につけましょう。

表情が勝負の分かれ目

相手の話に対して自然な反応をすること。それは、絶対受注を達成するために必要不可欠なことです。

自然な反応とは、「顔のリアクション」のことです。

たとえば、こちらが感謝の言葉を口にしつつも無表情だったら、相手はどう感じるでしょうか。

商談中、まったく相槌を打たない場合も同様です。相槌がなければ、「自分の話を理解していないのでは？」と不安を抱かせてしまいます。

商談を円滑に進めるには、自然な反応が重要です。

話の最中に頷くのはもちろん、明るい話であれば笑顔になり、不安が募る話であれば心配そうな顔になってみる。さらに、話の内容が佳境に入ってきたのなら、身を乗り出して聞く。それだけでいいのです。

そのようなリアクションが自然にできるようになれば、コミュニケーションはより円滑になります。自然な流れの中で、きちんと話を引き出せるようになるのです。

また、相手の話に対して適切に反応できるようになると、会話の流れをつくることも可能となります。

たとえば、アイスブレイクでお互いの緊張をほぐし、本題に入った後、最終的な確認をして次回へとつなげていく。そのような会話の流れも、適切なリアクションによってコントロールできます。

ただし、無理にリアクションする必要はありません。たとえば、過剰に褒めると嫌味を含んだお世辞になりかねませんし、面白くないのに笑うのは失礼です。

あくまでも、顔（表情）が自然に反応する状態を目指してください。

特に疲れている時は、表情の反応も鈍くなります。また、何らかの悩みを抱えている時も同様です。そのような場合には、疲れを取り、悩みを解消することをまずは優先しましょう。

慣れてくれば、コミュニケーションの中で自然なリアクションを取ることができるようになります。そうなれば、身体が反応するままに任せておけば問題ありません。

どうしてもリアクションが小さくなってしまう人は、少し大げさに顔の筋肉を動かしましょう。リアクションは相手に伝わってこそ、笑顔はノーコストです。

CHECK

「無表情」という表情さえメッセージになる。
あなたの笑顔にコストはかからない。

表情は言葉以上のメッセージになる

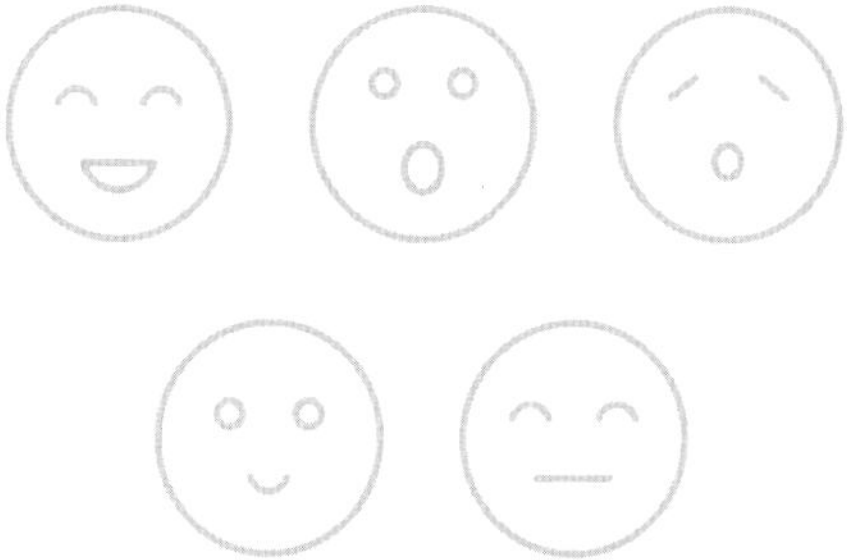

自分の本意と円滑な商談進行は、必ずしも一致しない。
目的達成のための最適な反応をしよう。

SECTION 7

説得ではなく納得

——営業はプレゼンではない

一般的に、人に何かを伝える時に重視されているのは「いかに上手に話すか」ということでしょう。

しかし実際には、話し方が上手かどうかはそれほど重要ではありません。むしろ、口下手なほうがよりよく伝わることも多いのです。

たしかに、流暢なトークを聞いていると、「すごいな」「立派だな」と思うことがあります。ただ、それと商談の成功とは別物です。

商談を成功させるために必要なのは、説得ではなく納得です。相手が納得してくれてはじめて、こちらの要望を通すことができます。

そして、納得してもらうためには、こちらがいかに誠意を持って話しているのかが伝わらなければなりません。誠意が伝わらず、意味だけが理解されても、納得には至りません。

だからこそ、上手に話すということは、それほど重要ではないのです。

たとえ口下手であったとしても、「この人は誠心誠意、伝えようとしている」ということが伝われば、商談はうまくいきます。事実、僕の場合はそうでした。

僕自身、あまり滑舌がいいほうではありません。そのため、社会人になったばかりの頃は苦労しました。トークが上手な先輩のことを、羨ましく思ったりもしたものです。

そんなある日、サイバーエージェントの藤田晋社長が書いた本を読みました。そこには、「口下手なほうが信頼される」と書いてあったのです。

僕はその文章を読んだ時、「そうなんだ！」と驚いたのと同時に、これまでの不安が消えていくのを感じました。口下手は、決してマイナス要因ではなかったのです。

それからは、だらだら話すよりも、大切なことをきちんと伝え、相手からの質問に丁寧に答えることを心がけるようになりました。その結果、大きな成果につながっていきました。

口下手でも、心配する必要はありません。滑舌が悪くても、気にする必要はないのです。それよりも、誠心誠意、相手の困り事、知りたいことに耳を傾けてください。

それは、商談の構造を考えれば当然です。すべてのビジネスコミュニケーションは課題解決が目的です。誰の課題かといえば、それは相手、お客様です。相手が知りたいことに忠実に答え、納得してもらうことが重要です。

CHECK

お客様のほうが詳しいと思って営業しよう。

SECTION
8 語勢を使い分ける

声の大きさをコントロールすると、より商談を有利に進められるようになります。大きさだけでなく、高さや低さ、抑揚のつけ方、つまり語勢によっても、相手に与える印象は変わります。そのような**声の印象に配慮すれば、コミュニケーションの質も変わってくるのです。コミュニケーションの質が変われば、商談の流れも変わります。**だからこそ、どのような声を出すのかは大事なのです。

では、どのような声を出せばいいのでしょうか。

まずは、商談の場に入った時の第一声で、自分の声がどのように響くのかをチェックしてみることです。

「本日はよろしくお願いします！」と言った時、自分の声が部屋中にどう反響するのかを確かめた上で、適切な声の大きさやトーンを調整してみましょう。相手が聞いていて気持ちがよいと感じるか、それはお互いの体調にも影響します。

耳から入る情報というのは、視覚情報ほどではないにしろ、決してあなどってはいけません。

たとえば、弱々しく小さい声で話す人を、「自信に満ち溢れた人だ」と評価する人はいないでしょう。「自信がないのかもしれない」という印象を与えてしまいます。また、小さな音量は、相手に注意深く聞かせる「コスト」を発生させてしまいます。

逆に、大きすぎる声だと、「押しが強い人」という印象を与えて、警戒されてしまう可能性もあります。

このように、声は人の印象を大きく左右するのです。

ここで伝えたいのは、必ずしも「自信を持って大きい声で話すようにしよう」ということではありません。

その場の目的と状況に応じて声をコントロールしよう、ということです。

自らの声をコントロールできる人というのは、対戦するバッターごとに、より適切な球種を使い分けられるピッチャーのようなものです。

いつでも直球で勝負するのは潔い姿勢ではありますが、必ずしも、それが効果的とは限りません。戦略的に成果をあげていくためには、複数の球種を使い分ける必要があります。抑え込むばかりではなく、気持ちよく打たせることも必要です。

目的と状況に合わせて声を変えていけば、商談の空気を支配することができます。

まずは、自分の声がどう響くのかを、商談のはじめにチェックしてみましょう。

CHECK

テキストコミュニケーションでは「意味」が、
リアルコミュニケーションでは「音声」がより相手に伝わる。

SECTION 9

共通言語を使わせてもらう

共通言語を適切に使うと、相手の懐に入ることができます。その結果、親近感のあるトークを展開できるようになります。

この場合の共通言語とは、相手が所属する会社や業界において使われている、特徴的な言葉のことです。方言ではありません。

たとえばリクルート系の人は、ブレインストーミングのことを「ブレスト」ではなく、「壁打ち」と表現しています。イメージしやすい言葉ではないでしょうか。またサイバーエージェント系の人であれば、「突き抜ける」「ぶちあげ」など、前向きな言葉を使うケースが多いです。業界用語に近いイメージかもしれません。

さらに、私が以前所属していた株式会社ショーケースの社内であれば、「膝を突き合わせて話す」ことを、「めっこり話す」と表現していました。これもまた、他の会社では使われていない特殊な言葉と言えそうです。

他にも、テレビ業界でよく使われている「てっぺん」や「巻いて巻いて」というのも、業界用語としては有名です。

このように、特定の会社や特定の業界で使われている特徴的な言葉はたくさんあります。

こうした言葉を積極的に使っていくことで、相手との距離感を縮めることができます。

特に転職して新しい組織に参加した人は、その会社で使われている共通言語を積極的に使ってみてください。そうすると、より一体感のある仕事ができるはずです。

必要以上に共通言語を多用すると、媚を売っている、あるいは嫌味のように聞こえてしまったらどうしようと考えてしまうこともあると思います。

また、相手が華やかな業界に所属している場合であれば、ミーハーなイメージを与えてしまうかもしれません。

そのあたりは、さじ加減に注意して、適宜、使用するようにしましょう。

あくまでも、共通言語を使うことで、関係を深めたり、その場の空気を共有できたり、会話の中で相手を尊重するためのマナーの一環にもなるということを、覚えておきましょう。

CHECK

言葉の創出によって概念が生まれる。

SECTION 10

知識は顧客に対する礼儀

とある外資系保険会社のインタビューに行った時の話です。その時の営業支社長が言っていた**「営業マンにとって知識は礼儀」**という言葉が忘れられません。営業マンはお客様の一番のパートナーであり、近い相談役なのに、その人が専門的な知識を知らない、制度の変更を知らないということは、失礼なことだと聞いた時に、はっとしました。言うならば、のび太くんのどんな悩みにでも対応できるドラえもんくらいの知識の引き出しがないと頼られないのだと感じたのです。

僕も新人の時は、目の前のお客様から何か聞かれた時、「持ち帰って調べます」

と対応することが多かったです。1年目はそれでも構いませんが、お客様のビジネスを成功に導くという本来の目的からすると、持っている知識を日々アップデートしておくことがとても大切です。

たとえば、「リモートワーク」という言葉にアンテナを立てたとします。そうすると、ニュースにしろ、ネットにしろどんどんその言葉がフックとなって知識が入ってくるようになります。車の免許を持つと、街で走っている車の車種がわかるようになったりするのと同じです。まずは少し頭に入れておく、耳に入れておくという程度でいいので、業界の知識や専門用語をぜひ覚えるようにしましょう。

知識を増やすひとつの方法があります。たとえば、アポイントや商談でわからない言葉があった時、まずはその場で聞くのが一番ですが、雰囲気的にそれが難しければ、メモしておいて後で調べます。若いうちは**ひたすらこれをやりましょう**。これを習慣づけることがとても大事です。もし、5年目、10年目なのに知ったかぶりが習慣づいてしまったらやっかいです。

メモして調べることを習慣づけることで、出会った人から会話の中で得た情報が面白いように全部知識になっていき、間違いなく若手でも活躍できるようになります。恥ずかしがらなくていいのです。ノートにどんどんメモしていき、自ら積極的にその言葉や知識を相手に伝えましょう。
お客様にとってのドラえもんになれるよう、毎日成長していきましょう。

CHECK

物知りになる必要はない。ただ、あなたの扱う商品の周辺知識は持っていてほしい。でないとあなたから買う必要がない。

PART 5

商談を成功させるマインドセット

SECTION 1

「視野」「視座」「視点」

事実をベースに議論を進め、最終的な決断は解釈によって行なうと前述しました。その解釈を共有するために押さえておきたいのが、「視野」「視座」「視点」の3つです。

「視野」とは、**見る範囲のことです**。

たとえば従業員であれば、似たような業種・業態の範囲でしか会社を見ないかもしれませんが、経営者は市場全体でその会社を位置づけるかもしれません。あるいは投資家であれば、日本国内、あるいは世界全体で見ることもあるでしょう。

また視野に関しては、解像度も問題になります。さまざまな企業を幅広く比較検討している投資家の視野はクリアであることが多いです。一方で経営者は、社外と社内の両方を見ています。従業員は社内についての解像度が高いでしょう。

「視座」というのは、**物事を認識する時の立場です。見る人の立場で違いが出てきます。**

たとえば、会社を評価する時、従業員として見るのか、経営者として見るのか、あるいは投資家として見るのかによって解釈は異なってきます。

従業員の視座でその会社を見ると、「楽しそう」「働きやすそう」「待遇がいい」などの評価になるかもしれませんし、経営者の視座で見ると、「どんなビジネスモデルなのか」「どういう採用をしているのか」「どこを競合と捉えているのか」などが評価のベースになるでしょう。さらに投資家の視座からすると、「営業利益はどのくらいか」「利益率はどうなっているか」「アップトレンドかダウントレンドか」など。このように立場によって見るべきポイントが変わっていくのが視座です。

「視点」というのは、物の見方です。**ある対象を、どのような角度から見るのかに**

よって、視点は変わっていきます。

たとえばある会社を評価する場合、社歴を見るのか、売上高を見るのか、代表者を見るのかによって解釈は異なるでしょう。現在で見るのか、未来で見るのかという違いもあります。それが視点の違いです。

このように、解釈には「視野」「視座」「視点」という3つのポイントがあります。相手がどのような視野・視座・視点を持っているのかを考えるようにすると、商談がスムーズになるでしょう。

CHECK

視座と視点が混ざることが多い。少なくとも、その商談中の両者の認識がずれないよう注意してほしい。

「視野」「視座」「視点」の違い

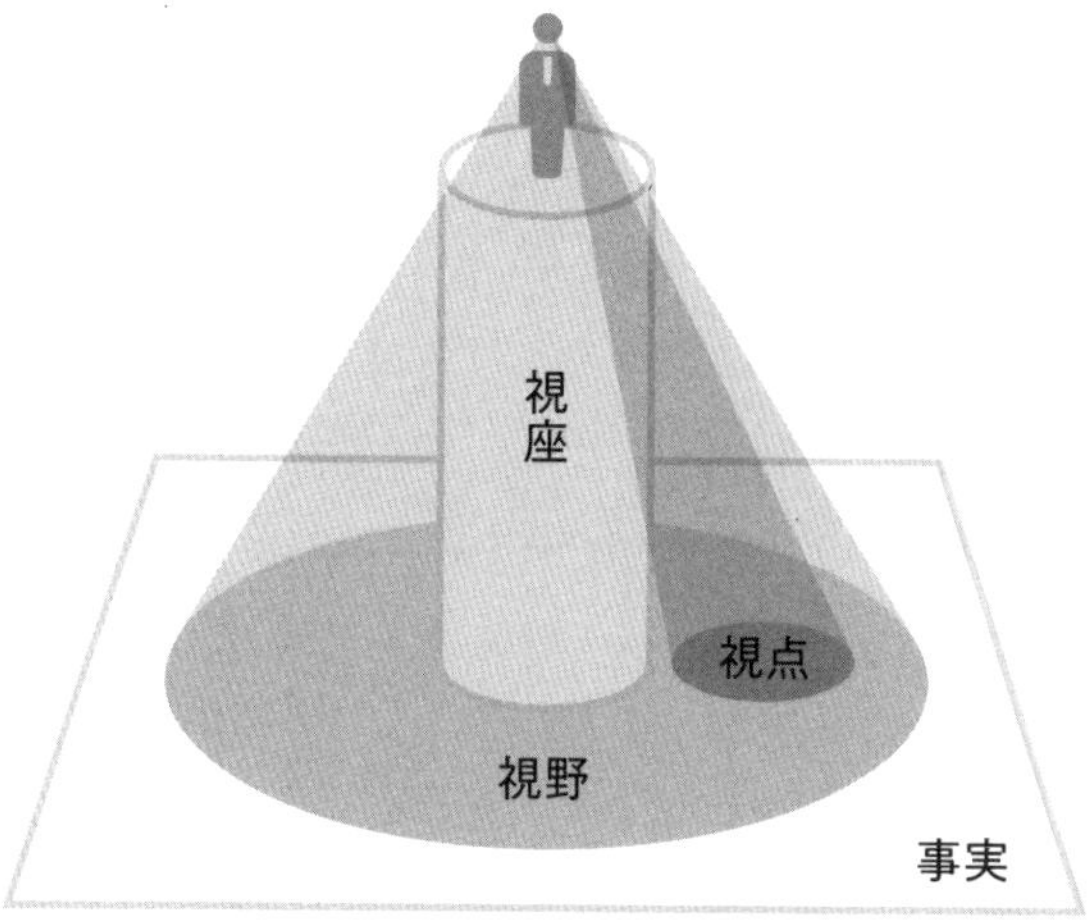

特に「視座」の違いを認識しよう

2 合理的な判断ばかりではない——論理と感情はセット

ビジネスに正解はありません。時と場合によって、正解が変わり、その都度ベターなほうを選び続けることが求められます。

時代は変わります。「もう少し待てば……」と考える癖を持っていると決断できません。それならば、「〇日まで待つ」と決断するようにすべきです。

相手に決断をさせるには、右脳に魅力的な情報を伝えるというコツがあります。

つまり、感情を捉える会話をしかけるのです。

僕の体験を2つお話しします。

先日、不動産を購入しました。高額な物件を2つです。

営業マンがとにかく優秀な方で、何度も時間を取って説明してくれました。「福山さんのご著書を読みました。今度『紹介営業』について勉強させてください」という入り方でした。

完全に心が動いた僕は、最後の提案時、収益シミュレーションなどは見ずに購入の決断をしました。

もうひとつの体験です。企業買収の提案を受けた時のことです。初対面の担当者の方から自慢話を2、3聞かされました（「聞かされた」と思った時点で、マイナスの感情が働いています）。しかも、その自慢話に、矛盾と嘘を発見してしまいました。

加えて、夜中23時以降でも構わずに電話でガンガン連絡してきます。うちには2人の幼い息子がいて、夜中の電話は迷惑です。それを知っていてかけてきているので、相手への想像ができない人だと感じました。

数千万円の提案でしたが、気持ちが乗らず断りました。契約したとしても、その後のビジネスはうまくいかないと感じたからです。

お客様との最初のアポで感情を捉えていないと、その後の行動一つひとつが疑わしく感じられてしまいます。

ひとつの受注に至るまで、何回の接触・会話が必要でしょうか。業種や商品によって違うものですが、たとえば3、4回の商談で受注まで至る想定であれば、1回目の商談で相手に疑問や不安の感情を持たせてしまったら、その時点で25～33％も失注率を高めてしまっていると考えられています。

「第一印象が大事」と一般的に言われていますが、受注から逆算をすると当然のことなのです。

CHECK

人間が介在する以上、100%理性的な判断はあり得ない。
必ず感情が入る。

SECTION 3

ひげを生やした営業マン

自分自身を商品とする営業が求められるこの時代において、ずばり営業マンのひげはおすすめできません。

清潔感のあるひげならよいと判断されるかもしれません。しかし、清潔感があるかどうかを決めるのはお客様です。

自分がよかれと思っていても、お客様に「不潔」「だらしがない」と感じられたら、その時点でアウトなのです。

ひげに限らず、すべての所作がお客様目線で判断されるという事実を覚えておいてください。

お客様目線を無視した所作や身だしなみは、すべて「自己満足」となります。それがビジネスの世界でのルールです。

「ひげくらいいいじゃないか」と思う方がいるのも事実です。

しかし、お客様の利益に貢献し、自社の利益にも確実に貢献し続けるためには1%でも確率の高いほうを選ぶことが求められます。それがプロとしての務めです。もし、自分のひげひとつで失注となってしまったら責任を取れるでしょうか。ひげを生やしていないと受注できないお客様がいるのでしょうか。

たとえば、提案資料の見た目も同じことが言えます。

自分がかっこいいと思う資料を何時間もかけてつくったとしても、お客様が求めていることが目立たなかったり、そもそも抜けていたりするケースが多々あります。「パワーポイントの資料はさておき、実際の数字はどうなっていますか?」と、エクセルでの提出を求めるお客様もいるでしょう。また、「絵はいいから、テキストで重要な情報を教えてください」というお客様もいるでしょう。僕も「資料はいいから、電話で先に内容を教えてください」と言われたことがあります。

自己満足とお客様の満足とでは、後者を優先させることが求められます。

「受注に1%でも確率の高いほうがどちらなのか」

この問いを持ち続けることができれば、判断力は養われていくでしょう。

CHECK

大きな決裁権を持つ人ほど、小さなことを気にする。
仕事を進める上で、それが大切な変数だと認識しているからです。

SECTION 4

ムダアポは「困り事の仕入れ」に切り替える

営業活動を続けていく中で、どうしてもムダアポは発生します。

定義は事業内容によって異なりますが、おおむね「前に進まない商談」のことを指します。

しかし、「今回は難しそうなので帰りますね」とも言いづらいし、今日は難しくとも、次回以降に状況が変わってチャンスがやってくるかもしれないという淡い期待があると、不義理な終わり方はしたくありません。

そんな時は、「困り事の仕入れ」時間と、目的を変更しましょう。

そもそも、ビジネスはお金のやり取りが基本です。お金のやり取りが発生するきっかけは「困り事の解決」にあります。

たとえば、喉の渇き（困り事）を潤す「飲料」があります。だから人は、飲料にお金を支払います。しかし、ただ喉の渇きを潤すだけなら、水道水でもいいはずです。ところが、より安全で健康（困り事）という点にフォーカスすればこそ「天然水」（解決）が売れるのです。

さらに最近では、「機能性飲料」の売り上げが向上しています。たとえば、「脂肪の燃焼を助ける飲料」や「血圧の上昇を抑える飲料」など、本来の困り事（喉の渇き）に加えて、別の困り事まで解決する商品が売れているのです。

このように、ビジネスがお金のやり取りであること、そしてお金のやり取りが発生するのは困り事の解決にあることを認識しておけば、ビジネス上のコミュニケーションでは「困り事の仕入れ」を意識するべきだとわかります。「今回の商談は成立しなさそうだな」と思うようなムダアポの日をプラスに変えることができるのです。

日頃から困り事を仕入れようと意識しておけば、お客様のニーズを把握できるよ

うになります。するど、お客様は安心して相談できるようになるのです。あとは、自分・自社の保有しているスキルやノウハウ、ソリューションをカスタマイズして提供すればいいだけです。

少なくとも、目的がないままコミュニケーションをしないことが大切です。単純な雑談でも「困り事の仕入れ」と割り切れば、商談ごとに成長できる自分になれます。

CHECK

困り事の仕入れは、よい商品開発につながる。

SECTION 5

アイスブレイクは不要 雑談は必要

商談においてアイスブレイクは不要です。

本質的には、ビジネス関係が成立した後でないとアイスブレイクは完了しないからです。

そもそも、一度の商談で関係値ができるほど、関係構築が容易ではない相手だからこそ、アイスブレイクをしかけようとするのです。しかし、発注力がある決裁権を持つ人ほど、人間関係構築には慎重です。**下手なアイスブレイクテクニックなら、やらないほうがベターです。**また、紹介営業など、第三者の信用を借りた営業の場合、すでにアイスブレイクが完了していると考えてもよいです。

どうしても緊張してしまい、それでもアイスブレイクしないとまずいかもな、と不安な場合は次のように伝えましょう。**「アイスブレイクは割愛させていただき、早速本題から参ります」**と、最初に一言添えれば何ら問題ありません。

本当のアイスブレイクとは、取引関係を一度完了させることなのです。

一方、雑談は必要です。

商談を重ね、お互いがより高い目標、中長期の目標を追いかける関係になった時、本題以外の話題を話せる関係にならないと、続かないからです。

ビジネスにおける課題とは、それぞれ単一で存在していることはありません。確実に他の問題と関係しています。

例えば、「売上が伸び悩んでいる」という課題の背景には、取引先の状況、競合企業の参入などが関係します。他にも、自社の採用、育成の課題も関係しているかもしれません。

より大きな課題解決のためには、外部環境・内部環境、あらゆるポイントで問題を把握し、本質的な課題発見が必要となります。その課題の要素となる変数を仕入れるためには、相手から悩み相談をいただける関係になる必要があります。

そこに、雑談を話すという必然性があるのです。雑談とは、ビジネス以外のことだけでなく、今取り組んでいる業務に関することも含みます。直属の上司の愚痴も、立派な雑談です。立派な課題発見の要素です。笑って答えるだけでなく、こっそりメモを取ることをおすすめします。

雑談のネタでおすすめなのは、**相手の発信をネタにすること**です。**相手先企業のホームページ、IR情報、SNS（企業公式、担当者個人それぞれ）での発信内容**は確実にネタになります。逐一チェックしていたらストーカーに思われてしまう？　そんなことはありません。

世の中に向けて発信している以上、誰かに見てもらいたい、気づいてもらいたいという心理が確実に存在します。遠慮なく触れましょう。

CHECK

相手のSNS発信を常に見ておくと同時に、自分のSNSも見られている前提で準備をしておく。

ヒントはSNSにある

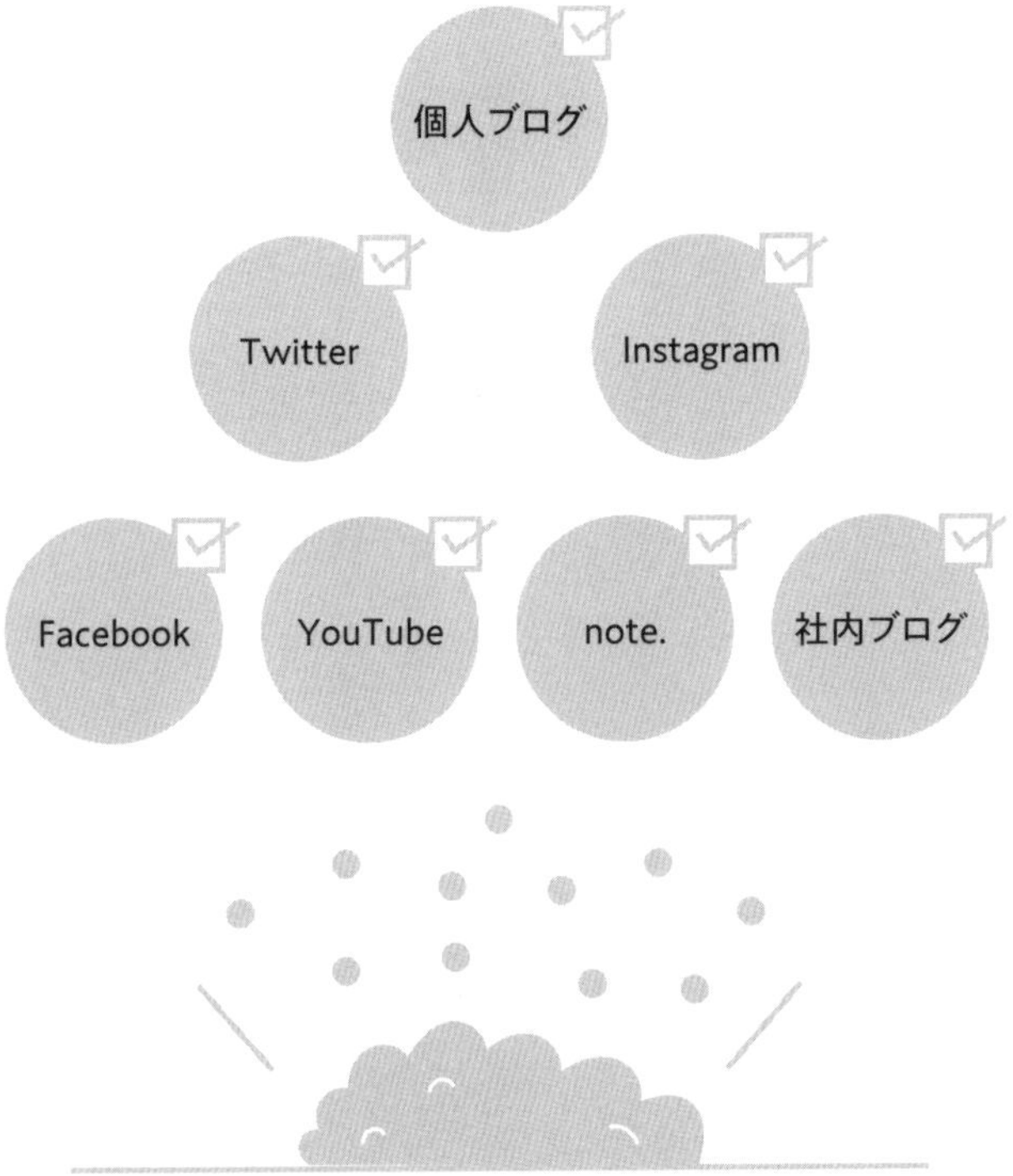

「知ってもらいたい」から、相手は発信している。
「知ってあげること＝『見ましたよ』と伝えること」で、
信頼をひとつ積み重ねることができる

SECTION 6

商談の主役は自分ではない

――発話49%以下理論

商談の場では、相手を言いくるめる必要はありません。**人は、自分の言葉に説得されるのであって、決してあなたのトークに圧倒されたいのではありません。**その商品が相手に絶対的に必要だと思ったなら、その事実を相手に気づかせなければなりません。表面的な頷きを獲得するのではなく、心の底から頷いてもらう必要があるのです。

気づきを提供するためには、沈黙が必要です。PART4でも間の大切さを伝えましたが、**沈黙は相手が思考するための時間**でもあるのです。沈黙がこわい人は、言いくるめるように話し続けてしまう傾向があります。相手からの質問が反論に聞こえてしまうからです。質問には堂々と答えましょう。

ずです。

「北風と太陽」の話のように、強風を送るのではなく、お客様自らの行動を促しましょう。そう考えると、こちらが話せば話すほど受注から遠ざかることがわかるはずです。

結果を出せない営業マンほど、商談時に話しすぎています。結果を出している営業マンは、相手より多く話すことはありません。**僕は常に相手の発話量を51％引き出すよう努めています。つまり、自分の発話は49％以下にしなくてはなりません。**

たとえば1時間の商談の場合、31分以上話してしまえば、相手より話しすぎていることになります。時間の長さだけでなく、割合を知ることも大切です。一度、自分の商談を録音して文字に起こし、字数を数えてみると、おおよその割合がわかるので、ぜひ試してみてほしいと思います。

沈黙ができたとしても、相手が話し出すのを根気強く待つことが大事です。**できるだけ相手の発言を促すよう、聞き出す努力をしましょう。**相手が話をする時間が増えれば、必然的に自分が話す量が減ります。

CHECK

人は自分の言葉に説得される。

相手の発話量を増やすには質問が効果的ですし、相手がしゃべりやすい環境を構築することも重要です。場所はどちらのオフィスがよいのか。オフィスよりカフェがよいのか。ノートに書きながらがよいのか、ホワイトボードが使える環境がいいのか。コーヒーを用意するべきか、水を用意するべきか。紙コップなのかペットボトルなのか。そういった細かい環境も相手の話しやすさに影響するのです。

いかに沈黙を楽しめるかが勝負です。相手が困り事を認識し、決断できる状態を営業職が率先してデザインできるとよいでしょう。ただ、黙っているだけなのは時間泥棒です。対談の質を高めるための質問を用意し、相手が疑問に思うであろう事項をあらかじめ調べ、回答を持参することがポイントです。

SECTION 7

商談前に提案を済ませておく

商談のための準備に関して、細かいことですが、事前に提出する資料についても気を遣いたいところです。

資料にはすべての情報を書き出さないことです。具体的には、他社事例と金額についてです。

一部分は掲載したとしても、「商談時にご紹介します」「直接お話させてくださ い」と添えておくと、対面アポイントの必然性が生まれます。

さらに、テキストを渡した時（メールで送るなど）と、対面でのアポイント、この2つに時差をつけることで、〝間〟ができます。この間をつくることで、相手に発注の検討をしてもらえる時間がつくれます。結果的に受注につながらなくとも、対面アポイントの際には、白黒はっきりでき、かつ、相手の質問も鋭くなり、次回以降の商談にとってプラスになります。

最終的なゴールが受注、およびその後の継続にあることを考えると、対面での商談は欠かせません。より深い人間関係を構築しやすいからです。

これは電話やメールでも同じです。対面でなければ伝えにくいことを匂わせておけば、アポイントが取りやすいように、次の機会につなげる工夫をすることが大切です。

出せる情報があっても、その場でそのすべてを出してしまわないようにしてください。より有利な条件で話ができるように、戦略的な行動を心がけましょう。

CHECK

商談を設定する理由は、相手が決断しやすくするための時間的、心理的配慮。

SECTION 8

直前に焦っても遅い

商談の準備の重要性については、さまざまなところで言われています。その点、疑いようの余地はありません。ただ、本質的なところで言うと、僕は「準備はしなくていい」と考えています。その真意を説明します。

なぜなら、**普段の活動そのものが準備**となるからです。たとえば、100件アポを実践するには、それだけの提案を用意しなければなりませんが、毎日100件の提案を作成していては間に合いません。そこで、いつでも商談ができるようしておくのです。

商談に必要なものは、相手の困り事を明らかにする質問やそのための解決策（情

報）です。その情報さえ揃えておけば、あえて準備の時間を設ける必要はありません。そうして準備を生活の中に組み込んでおけば、歯磨きと同じように、意識しなくてもできるようになるのです。

そうなると、**「さあ準備しよう」と意気込む必要はありません。**訪問企業のホームページなどを見て、社歴をチェックして、理念を確認する。そのようなことをしなくても、「この話さえしておけばいい」と、やるべきことが明らかになります。

準備をしなくても、アポの最中にできる努力もあります。**相手の出身地や前職など、過去の話からお互いの共通点を見つけて、その話で盛り上がるのが僕の必勝パターンです**（僕の場合は、特に野球の話に持っていけたらしめたものです）。また、共通の知人を探すのも効果的です。お互いに胸襟を開いて話ができれば、提案も受け入れられやすくなります。

普段の生活で、仕事のインプットを済ませることを心がけると、その都度その都度、準備するのではなく、「反応できる体をつくっておく」ことができます。

どんなことを言われても、どんな話題を振られてもきちんと反応できるようにしておくのです。それを習慣として身につけておけば、常に臨戦態勢となります。

また、いくらつけ焼き刃の準備をしても、人間関係を構築できるとは限りません。相手によって戦略を変えていると、それだけ準備の時間および労力が必要になりますし、本来の仕事にまで支障をきたす可能性があります。

いつでも使える「自分なりの必勝パターン」に磨きをかけたほうが得策です。たとえば他の業界の話やビジネストレンドなど、独自のソースから取得したオリジナル情報はどこの企業でも喜ばれます。

相手の会社のホームページをチェックした上で行なうようなトークは、誰にでもできるので印象に残りません。そうではなく、反応できる体をつくっておくこと。そのための日常的な習慣こそ、究極の準備ではないでしょうか。

CHECK

商品・サービスを個別にカスタマイズし続けると、あなたの事業は成長を止める。

SECTION 9

ビジネスモデルを理解しよう

相手先企業はどのようにしてビジネスを成立させているのでしょうか?

相手の会社に対して必要な投資を堂々と提案するために、ビジネスモデルを理解するということは欠かせないことです。端的に言えば、その会社が「いつ」「どこで」儲けているかということです。

ビジネスモデルを理解する時に必要なものは、大きく2つあります。

①PL理解

いわゆる損益計算書というもので、売上、原価(販管費含む)、利益の3つの関係からなるものです。誰からお金が入ってきて、誰にお金を払っていて、その結果、営業利益はどんな割合か。人件費が高い会社なのか、外注費が高い会社なのか、利益率はどれくらいなのか。難しいように感じるかもしれませんが、絶対受注したければ、知っておきましょう。上場企業であれば、ＩＲ情報として必ず公開されています。非上場企業、もしくは個人が相手であれば、率直に聞いてみましょう。

②競合理解

相手先企業の競合会社を知っていると、一気に理解度が上がります。「競合はどちらですか？」と聞いて、「リクルート」と言われれば人材、「サイバーエージェント」と言われればインターネット広告だと、大枠がつかめます。

ただ、ひとつ危ないケースがあります。スタートアップの会社で「競合はいない」というケース。こういう場合、ビジネスモデル的な競合はいなくても、誰のどの予算をもらっているかという点で必ず競合はいます。

ＢｔｏＢなのか、ＢｔｏＣなのか。どれくらいの規模で、繁忙期はいつか、閑散期はいつか。本当はどの時期に売り上げを伸ばしたいか。ビジネスの全体像を理解することで、いつ、どの段階でどんな提案をするべきかということが見えてくるのです。

たとえば広告の会社だとすると、年末商戦と言われるように、年の暮れは忙しく、加えて決算期の3月も忙しくなります。こういった時期はとにかく人手がほしくて、効率化の必要性を切実に感じます。一方、4月から6月は閑散期で新しい期を迎え、一時的に広告への投資が止まる時期です。そうであれば、その会社には閑散期であっても売り上げがちゃんとつくれるような提案ができるといいかもしれませんし、次の商戦に向けての準備の時期に充てましょうという提案もできます。

「御社が儲かる時期はいつですか？」「どんなビジネスモデルなんですか」と率直に聞いてもいいのです。そのほうが、「この人理解しようとしてくれている」という気持ちになって相談もしやすくなります。

「勉強不足で大変恐縮なんですが、御社のビジネスモデルについて教えてもらっていいですか」と聞いてしまってもいいでしょう。売り上げの柱は何か、どれを伸ばしたいか……、簡単に言えば、目標と現状と課題を聞きます。これを理解できれば、外した提案をすることはまずなくなります。

実は、僕も新人の頃はとても苦労しました。ビジネスモデルなんてどうやって覚えればいいのか、さっぱりわからない……と思っていました。しかし、あるお客様から、「○○社の競合です」と言われた時に、一発で理解できたのです。さらに、競合会社との違いを聞くことで、相手先企業の現状と課題を理解することができました。

ですから、少しずつでもかならず覚えていくことができると思って、どんどん聞いていきましょう。

CHECK

100%理解できなくてもよい。
少なくとも相手の視座で物事を考えるためのひとつの知識になる。

PART 6

また時間を取ってもらうために

SECTION 1

へこへこせずに堂々とする

本項では商談時における物理的・精神的なアドバイスをそれぞれお話しします。物理的なアドバイスは、商談の時、**脇を締めてアゴを引き、重心を落とすことで姿勢をよくすることです**。

成果を出す営業職、つまり減点されず、つっこみどころの少ない営業職は、見た目が落ち着いています。見た目が落ち着いているというのは、物理的にブレが少ないということです。「気をつけ」をした時に、グラグラしていないのです。

姿勢や雰囲気、これも見た目の情報なので、今一度見直してみましょう。たとえば、現代ではスマートフォンのやりすぎで猫背がちの人が増えています。しかし、**猫背の人は自信がないように見えてしまうのです**。仕事を任せやすいかと言うと、任せづらい。やはり、背筋が伸びていてきりっとした人のほうが信頼感があります。

次に、精神的なアドバイスとして、**「すみません」と言わないことです。**

営業職に限らず、仕事が得意でない人の多くは、「すみません」を連発しています。**悪くないのに「すみません」を乱発することで、営業活動を行なうことが、なぜか申し訳ないことのように錯覚してしまいます。**営業活動は経済活動の根幹です。

営業職の仕事とは、お客様のビジネスを成功に導くこと。堂々と感謝されるように

仕事をすることがマナーだと心得ましょう。

ミスなどで本当に謝る場合は、「申し訳ございません」に統一しましょう。

また、まだビジネスの経験、営業の経験が少なく、こんな自分との時間を取ってくださって、こんな自分の話を聞いてくださって……と、恐縮しがちな人は素直に「ありがとうございます」を使いましょう。「ありがとうございます」はいくら多発しても、誰も不幸になりません。むしろよいことしか生まれない魔法の言葉です。

それでも恐縮してしまう人も、安心してください。お客様はあなたのすべてを知っているわけではありません。堂々とした自分だけを見せても大丈夫なのです。

「高校デビュー」「社会人デビュー」などと言われることもありますが、これまでの自分の負の部分と決別し、新しい自分をデビューさせるよいチャンスが、営業という仕事にはあります。事実、僕もそうでした。営業という肩書きを持ってから、新しい自分に生まれ変わることができました。**堂々とすることで生まれてくる自信もあるのです。**

営業職は「減点されないようにする」という意識を持ちましょう。

遅刻した、資料が不十分だった、説明が下手くそだった、聞かれたことに答えられなかった……。こういったミスは誰しもがやってしまいます。ミスは仕方のないことです。後から挽回すればよいだけです。一方、「堂々とする」ことは結果に関係なくできるはずです。最低限できることを精一杯やりきりましょう。

CHECK

営業を名乗る以上、あなたは問題解決のプロフェッショナル。
そうでなくても、そう振る舞え。

SECTION 2

ヒアリングのフレームワーク

相手に何かを提案したい時には、まず、相手の話をきちんと聞くことです。相手の話をしっかりと聞いて理解していないと、正しい提案ができず、独りよがりなものとなってしまいます。

では、「相手の話をきちんと聞く」とはどういうことでしょうか。具体的には相手が求めているものを正確に把握するために、適切なヒアリングをすることです。

ヒアリングで聞くべきことは「目標」「現状」「課題」です。これら3つの要素を「過去」「現在」「未来」という時間軸で聞いていきます。この時間軸を理解していれば、効果的で的確な提案をすることができます。このプロセスを経ないまま、闇雲に提案してしまえば、双方にとって無駄な時間を費やすことになります。適切な指標をきちんと活用して行なえば、提案は決して難しくはないのです。

質問する場合、まず、質問がいくつあるのか、すべての質問事項を提示することからはじめましょう。終わりの見えない質問は尋問です。

質問を受ける相手に「どんな質問内容か」「どのくらいの量か」などを把握してもらいます。

そもそも質問を受ける側は、質問内容はもちろん、質問数に対して不安を感じているものです。質問事項が事前にわかれば質問にどう答えればいいのか、話の組み立てや時間配分をどうするかを考えることができます。

そうした配慮はヒアリングする側のマナーでもあるのです。さらにヒアリングの目的を共有することも大事です。商談におけるヒアリングの基本的な目的は、「あなたへ最適な提案をするために、現状把握させてもらうこと」です。

何のためのヒアリングなのかをお互いに理解すれば、目的が共有され、同じ方向を向いて進めていくことができます。つまり、目的志向のヒアリングになるわけです。

ゴールがわかれば何をするべきなのかがわかります。ヒアリングの意義についても、より具体化されていきます。質問事項を先に提示し、ヒアリングを円滑に進めていきましょう。

CHECK

質問力を高めるのではなく、質問項目を用意して臨もう。

課題を時間軸で捉えると、後出しじゃんけん提案ができる

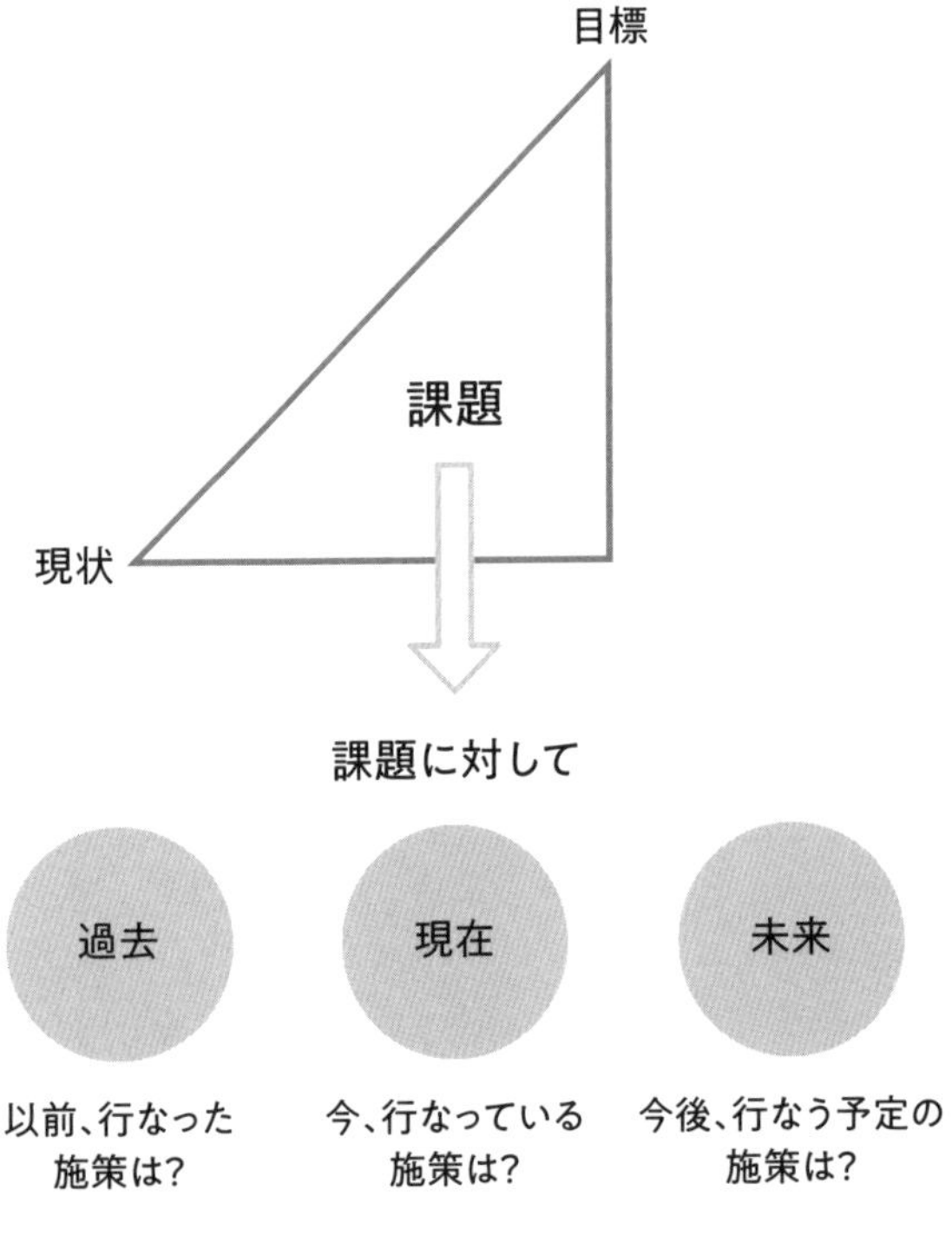

SECTION 3

日程をその場で押さえるのは相手への配慮

「では後ほど候補日を送ります」。このようなセリフをアポの締めくくりに言っていませんか？　それは今日からやめましょう。

なるべくその場で次回の日程を押さえてください。会う必要がないオンラインでのやり取りであれば、お互いのアウトプットの期日を決めましょう。

日程を押さえなければ、ビジネスは進みません。スケジュールは自分の人生そのものだからです。

相手からの問い合わせであれば、なおさら早い日程を押さえましょう。まずは「今日か明日」アポイントを取れないかを聞いてみましょう。「それでは急すぎる」と言われたら、「では来週以降でいかがでしょうか」と言えばよいのです。物事の意思決定や、情報収集は早いに越したことはありません。自分自身もそうですし、相手もそうです。早すぎて悪いことはありません。もちろん、意味もなく急かしているのではなく、**相手にとってベターな意思決定をしてもらうために情報をいち早くお伝えすることが大切だと強く認識しているからこそ、こちらの最大限のパフォーマンスに、スピード的要素が入るのは必然的なことです。**

もし、次週以降で複数日程を相手から提案されたら、一番早い日程を希望しましょう。早ければ後から調整ができます。スピードは礼儀です。早く決断できるための材料を早く渡すことは、相手を思ってこそなのです。

意思決定ができる人は忙しいものです。そこで、**配慮として「後で変わる分には大丈夫です」「ただ、予定を後で調整するのは面倒だと思ったので、先に押さえさせていただきました」と伝えましょう。**本気で相手のためを考えると、押さえてあげて当然です。申し訳なさそうにしている時点で、あなたのスタンスが足りていないのです。自信がないのであれば、次回の商談までに顕在化している懸念を潰すしかありません。未来がどうなるか、現時点で100%知ることはできません。ビジネスは不確定要素といつも隣り合わせです。断定できる未来はやってこないのですから、唯一できるのは、次の商談までに準備することだけなのです。

次回の日程を押さえる上で、注意点があります。

「金曜夕方の打ち合わせ」は避けるようにしましょう。理由は、その後週末を挟むので、意思決定が先送りになりがちだからです。業界によっては平日休みもあるでしょう。その場合は休日前が同じです。せっかく商談が前に進んでもいても、「結論は週末を挟んで月曜日に持ち越しということで」となってしまうと、決定確率は下がります。すべての意思決定において、冷静に考えれば考えるほど「新しい一手は打たないほうがリスクは低い」と保守的になりがちだからです。

大切なのはタイミングです。アポを入れる時間、ミーティングの時間、商談の時間など、それぞれの最適なタイミングを意識して実行しましょう。

たとえば法人客が相手の場合、決算期を把握しておくのは必須です。決算前と後では、商談の決まりやすさに差が出るのは当然です。また、決裁権のある上司がいる時間帯に訪問するのも効果的です。

お客様が個人の場合でも、家族の有無、通勤時間、プライベートの時間配分などを把握することに越したことはありません。そこまで調べる力、興味を持ってくれていること、相手への想像力がある人になら安心して任せられる、話を聞いてみようかなと思ってもらえるでしょう。

このように、少しでも相手への想像力を働かせて行動するだけで、得られる成果は変わってくるのです。

CHECK

「いつでもよい」わけがない。

日程を押さえなければ、商談は前に進まない。

SECTION 4

守れる約束をしかける

新しい関係構築を行なう際には、「小さな約束」を設定することからはじめてみましょう。小さな約束をすると、必然的に、それを守らざるを得なくなるからです。

たとえば、「明日の11時にお会いしましょう」という約束をしたならば、その約束をきちんと守れば、ひとつの約束を果たしたことになります。それだけで、**お互いの関係性は一歩前進します。**

必ずしも、最初から大きな約束をする必要はありません。大きな約束をしても、守れなければ意味がないからです。それよりも、守れる範囲の小さな約束を積み重ねていきましょう。

約束を積み重ねることで関係性を構築していくためには、それなりの数も必要になってきます。

たとえば、60分の会話の中で、10個の質問と10個の回答を相互に行なってみましょう。それもまた、相手からの求めに対する応答となるでしょう。

そもそも約束というのは、相手の期待に応えることです。**質問をして回答を得る、あるいは質問されて回答することもまた、ひとつの約束と言えるのです。**

採用面接などは関係性の構築につながりやすくなっています。質問と回答の応酬が一定数行なわれるからです。また、受験者からの逆質問の回数によって信用を勝ち取るパターンがよくあります。

もちろん、返答の中身も重要になってきます。聞かれていることに対して明確な回答ができないと、信用度は高まりません。

「質問と回答」という小さな約束を履行できない人は、対話の中で関係構築することが難しくなります。

銀行からの借り入れに対し、返済を続けることで、金融機関からの信用度が上がるのと同じように、人との関係も、「質疑・応答」「相談・回答」などのやり取りで信用度は高まっていくのです。

守れる約束を通じて、相手との信頼関係を構築しましょう。小さな約束が守れない人は、大きな約束も守れないと感じさせてしまいます。そして大きな約束（受注）は、信頼関係なしには生まれないものです。

約束を守るコミュニケーションを積み重ねて、お客様の信頼を勝ち取りましょう。

CHECK

あなた自身、初対面の相手との信頼関係をつくる時に何を判断材料とするか。

SECTION 5

質問を30個用意する

もっと早く関係構築したいのであれば、お客様への質問を30個用意してみましょう。

そしてそれを手札に商談に臨みましょう。**質問をすることは、相手に興味があることの証だからです。**

複数の質問ができれば、顧客の困り事を複数見つけられます。また、問題の本質が浮かび上がってくるのです。

2年、3年と定期的に会い続けていれば、自然と人間関係もできてきます。信頼関係構築をそこまで焦らなくてもいいのでは？　と思う人もいるでしょう。ただし、**ビジネスで人と差をつけたいのであれば、方法はたったひとつです。それは、とに**

かく「接点を増やす」ことです。

他の人（他社）が、ひとつの側面でしか取引がないところ、こちらは多面的に困り事を把握し、取引関係を複数でつくることによって、関係は自然と深まります。

質問を30個用意するために、相手のことを考える時間を確保しましょう。質問を考えるコツは、ヒアリングのフレームワークに沿って商談を頭の中でシミュレーションしてみることです。

たとえば、「目標」を聞く時は、相手の立場によって聞き方を変える必要があります。経営メンバーの方であれば、会社の目標に加え、担当されている管轄部署の目標などを聞く必要があります。一社員（現場メンバー）の方には、個人の目標を聞くことができます。

相手を考える時のポイントは、**あなたが助けないといけない人なのかどうかを知ることです。**

あなたが助けてあげないといけない人であれば、自ずと聞くべき質問は決まってきます。そもそもの困り事はなんなのか。その背景にある事情はどんなものか。それは、自分、自社が持っている商品で解決できる課題なのか。それを判別するため、情報を得るための質問を用意しましょう。

CHECK

商談のゴールをイメージし、聞かれそうなことを先まわりして考え、聞きたいことを用意する。5分、10分あればできること。

SECTION 6

トップ営業はその場で見積る

お客様から金額面の質問を聞かれた時に、「社に戻って確認します」というセリフは受注を遠ざけてしまいます。せっかく値段を聞かれている（購入意思が高まっている）のに、熱を冷ましてしまう行為となります。**ビジネスコミュニケーションにおいて、見積りの交渉は、お互いにとってチャンスとなり、エキサイティングな場面です。ここで空気を冷ましてはいけません。**

ではどうしたらいいでしょうか。

自分の〝見積り力〟を高めておきましょう。見積り力とは、見積り提示のスピードと正確性です。

その場で見積りを伝えられるのがベストです。すでに値段が決まった商品は別として、たとえば次のことは確実に把握しておきましょう。

- **いくら値下げできるのか（自分の裁量において）**
- **使えるキャンペーン（割引）はいくつあるのか**
- **ローンを組む場合、月々の支払いはいくらになるのか**
- **他の商品の相場と比べてどうなのか**
- **最短いつ納品ができるのか**

見積り力については、経験がものを言うのも事実です。

しかし、1年目からできる営業マンもいます。新卒中途問わず、転職してきてすぐに活躍する人もいます。その違いは、準備の問題です。

相手がその場で購入、契約できるような下準備は営業の仕事です。準備には特別なスキルは必要ありません。どれだけ時間を割いたのか、相手の成果から逆算し、契約をスムーズに進めるためのイメージを商談前にできたかどうか。自分のプレゼンの練習よりも大事だと考えてください。

即決してもらえる状態を自らイメージし、先まわりして準備する。その準備自体、相手が次に困るだろうことをひとつ解消しているのです。

また、顧客の数が増えると当然忙しくなります。見積りや提案書の作成などで、自分のボールを抱え込みすぎないことも大切になってきます。そのためにも、その場でお客様に答えられる見積り力を身につけておきましょう。

見積り力とは、自分を守ることにもつながるのです。

CHECK

相手が決裁権を持っていると商談が早いのと同様に、あなたに販売の全権があれば相手も楽になる。

名前よりも「キーワード」を示す

「肩書きで仕事をするわけではない」

これは僕が大学生の頃、就職活動のOB訪問先で先輩に言われた言葉です。今でも心に残っていますし、歳を重ねるごとにその意味を実感しています。

しかし、実際のビジネスシーンでは、肩書きは影響します。**特に、初対面でお互いの情報が少ない時は、名刺に書かれている文字だけが相手のことを知る術です。ですから、初対面の相手の立場をイメージして自らのビジネスにつながる肩書きをつけましょう。**

大企業の名刺は目立ちます。社名を見ただけでひれ伏してしまいそうになります。

しかし、素晴らしい会社ではありますが、存在が大きすぎて、どんな時にお願いしたらよいか不明な場合があります。大企業であればあるほど、仕事の領域が広く、意外とビジネスの関係性を構築するまでに至らないケースがほとんどです。

肩書きは、お客様がどんな時に外のリソース（自分）を使うのかを考えてキーワード選定することが得策です。「お客様の頭の中の検索エンジンに、どんなキーワードを入れた時に、上位表示される人になるか」という考え方です。「動画制作に困った時」なのか、「人材採用で困った時」なのか、「引っ越しが必要な時」なのか。そこから逆算したキーワードを使うことでビジネスにつながります。

僕の場合、独立当初はかなり工夫しました。「営業コンサルタントを入れて、うちの営業マンに3ヶ月教えてもらったら、本当に営業成績が上がるのだろうか」と思わせてしまっては仕事につながらないので、「お願いしたら2ヶ月目から成果が出る」ということを知ってもらうために、「短期で売り上げをつくるプロ」という言葉に落とし込みました。

あなたもぜひ、「私はこんな価値を提供できます」という具体的な言葉を見つけて、それを名刺に入れてみてはいかがでしょうか。

最後に補足のアドバイスです。「以前に、お名刺交換をしましたっけ？」と言われた時は、すかさず名刺交換をしましょう。

名刺を渡したか渡していないか覚えていないということは、そもそも自分のことを覚えてもらえていないので、もう一回渡しましょう。

再度渡したことによって、しっかり覚えてもらえたり、脳内のマインドシェアが少しでも広がる可能性があるからです。

CHECK

独創的なキャッチコピーではなく、相手によって「○○と言えば■■さん」のような機能的なキーワードがビジネスを加速させる。

SECTION 8

トラブル知らずの「2割ホウレンソウ」理論

仕事での「ホウレンソウ」。「報告」「連絡」「相談」の頭文字を取った言葉で、ビジネスを円滑に進めるのに大事な要素です。

お客様から「あの件、どうなりました？」と言われたことがある人は、まだうまくホウレンソウができていない証拠です。

それに、「いやいや、後でしっかり報告しようと思っていたんです」という人は、ホウレンソウの本質を捉えていません。ホウレンソウで何より大切なのは、タイミングだからです。

僕自身、仕事でミスをした時は、大抵ホウレンソウがうまくいっていない時でした。完璧なアウトプットを目指すあまり、報告が後手後手になり、自分ひとりで背負い込んだ時などです。

まわりを巻き込んで、ひとりではできない仕事をやり遂げることが、たくさんの受注を取る営業マンには必要です。 そのために必要なのが、ホウレンソウです。

上司から頼まれた仕事なら、あなたと上司はチームのメンバー同士です。クライアントがいれば、その担当者ももちろんチームの一員。あなたひとりで作業をしているつもりでも、プロジェクトの一部です。上司やクライアントは、プロジェクト全体を滞りなく進め、成功させたいと考えているでしょう。だからあなたも、その期待に応えるため、完了報告だけでなく、途中経過の報告も必要になります。

ホウレンソウのタイミングは「2・5・8」が目安です。 ひとつの仕事の作業全体を10とすると、2割の時点で一度報告、その後5割と8割の時点でも経過を報告しましょう。

特に「2」のタイミングが大切です。

北極に向かって進むプロジェクトなのに、南極方向に進んでいたらアウトです。

進んだ分だけ損をします。つまり、**はじめの2割の時点が重要なのは、方向性を共有するためです。**

逆にいうと、進むべき方向を間違えていなければ、「2」の後は必ずしも「5」「8」にこだわらなくても大丈夫です。「こまめな報告が嫌いな人だから、2の後は8の時点でいいだろう」などと、上司やクライアントの特性に合わせてタイミングを図りましょう。

ホウレンソウをする時は、内容よりもタイミングが重要だと覚えましょう。方向性の共有なしに仕事を進めるとトラブルになりやすいからです。そして、迷ったらすぐに「相談する」こと。上司にしても、お客様にしても、会話の量を増やすことにもつながるので、関係を構築することができ、一石二鳥です。

CHECK

最後の最後、ちゃぶ台返しをされてしまうのは、あなたの進め方の問題。大胆な提案ほど慎重に。

「価値を提供する」という思考

短期的ではなく、毎年きちんと結果を出し続ける人には、相手に対して価値を提供するという思考が染みついているものです。根底にあるのはビジネスの基本、**「相手の評価がすべて」**ということです。

相手から評価されなければ、いくら努力しても、結果として認められません。お客様がいなければビジネスが成り立たないように、個人的な努力だけではビジネスマンとしての評価はなされません。

野球で言えば、ヒーローインタビューでの発言。ファンの人たちに対して、「すべて自分の努力でここまできました！」と言ってしまえば、誰も支持してくれません。支持してくれないと、応援もされない。応援されないと、観客が増えません。その結果、どんなに結果を出していても評価されにくくなってしまいます。

特に、チームから支援が受けられないというのは、大きな痛手です。人間誰しもひとりでは生きていけません。仕事も同じです。自分だけの力で成し遂げられることなど、たかが知れているのです。

まず、相手の利益を考える。提供されるのを待つのではなく、こちらから積極的に提供していく。結果を出すために必要なのは、相手の成果を基準に考える思考習慣なのです。

結果を出し続けるには、連続的な機会（チャンス）の獲得が必要です。見逃しがちですが、そもそもチャンスがなければ結果は出せません。チャンスを獲得し続けるには、相手からの期待値を超えて続ける必要があります。

CHECK

あなたが介在しなくても成立していた世の中で、あえて介在することで価値を最大化させる。それが営業の存在理由。

SECTION 10

なぜ次につながらないのか

なぜ、次につながらないのか。ずばり、それは**「底が知れるから」**です。

厳しい言い方かもしれませんが事実です。**「この営業マンともう一度話しても、今回以上のメリットが得られない」と判断されてしまえば、次回のアポイントは取れません。**

相手からの返信が来ないか、やり取りが遅くなっていくでしょう。どうしてもタイミングが合わなかったというケースも存在します。しかし、基本的には自分側に責任があると認識しましょう。商談の仕方であなたの魅力が伝われば、どんなに忙しくても優先度は上げてもらえる余地があるからです。

また時間を取ってもらうためには、**まだ続きがあることを示唆することがポイン**

トです。つまり、底を見せないということです。一度にすべてを出しきってしまうと、ネタ切れになります。「出し惜しみせずに、ある情報はすべて伝えてあげることが営業マンの務めなのでは？」と思われるかもしれません。しかし、それは違います。**営業マンの仕事とは、相手の意思決定をデザインすることで、決して情報伝達屋さんではありません。**

正しい情報を伝えたところで、相手の状況によっては落ち着いて聞いてもらえないこともあります。いかに相手に課題意識を持ってもらうか、いかにその優先度を上げてもらうか、それによって、いかに相手の目標達成に近づけられるか。これが営業マンの仕事なのです。

基本的に、**人は自分にメリットがなければ優先度を上げません**。そのメリットとは「御社」レベルの話ではなく、その人自身にとっての話である必要があります。「本当に成し遂げたいことは何なのか」。ここが共有できていると話が通じやすくなります。そのためには自分自身の本当の目的もさらけ出す必要があります。

「目先の受注がほしいです」では足りないことはおわかりでしょう。必ず、その先の目的を口にしてみましょう。目的は、言葉にするほど現実味を帯びてくるはずです。もしわからなかったら、自分の会社の理念を復唱してみましょう。そこにヒントが必ずあります。ＢｔｏＣであれば、「社会をよりよくしたい」という目的に沿っていればおおむねずれていないでしょう。

しかし、なるべく本音で自分が何をしたいのかを伝えたほうが相手の望みも聞きやすくなります。お互いの要望レベルを把握していると、その後のやり取りがスムーズになるのです。

CHECK

底が知れない人になるための最良の手段は、日々成長し続けること。ただそれだけである。

PART 7

営業マンとして高みを目指し続ける

SECTION 1

できることのレベルを上げる

人によってできる仕事のレベルは異なります。

できるレベルとは、その当人にとっては「当たり前」のことを意味します。

たとえば、毎日、決まった件数の電話をするというのは、それほど難しいことではありません。時間を決めて、着実にこなしていけば誰でも達成できるはずです。しかし、毎日、決まった件数の商談をこなすとなると、少しハードルが上がります。ただ電話するだけでなく、アポイントを取得しなければなりません。相手の都合もあるため、達成する確率はそれだけ小さくなるのです。

さらに、契約件数で考えてみるとどうでしょうか。営業件数、アポイント件数、そして商談時のクロージングでどれだけ決めることができるかによって、達成率が変わります。この数字を操作できるビジネスマンは一流と言っていいでしょう。

このように、人によってできることは変わります。同じ仕事でも、ハードルの高さが人によって異なるのです。

この「できるレベル」を上げていくこと。それが成長というわけです。ハードルが上がれば上がるほど、方法論そのものも変えていかなければなりません。たとえば、電話営業から紹介営業へ、紹介営業から法人営業へなど、より目標達成を確実にできる方法を模索するのです。

たとえすべての打席でヒットを打てなくても、確実にボール球を見極められるようにし、どんな手段でもいいから出塁するというのも、ひとつの方法論でしょう。

経験豊富なビジネスマンであれば、誰と打ち合わせしても、質問を通じて相手のニーズを探ることができるでしょう。しかし、新人であれば質問する意図もわからないかもしれません。

その時、新人がやるべきことは何でしょうか。あらかじめ質問事項を用意しておき、実際に質問をして、知覚および思考のレベルを高めていくことです。もちろん、その質問もできるレベルのものからはじめることが大切です。

少しずつレベルを上げていくことを意識していくのです。

知覚、思考、行動のサイクルを繰り返し、その都度、適切な目標を設定してクリアしていけば、自ずとレベルアップできます。

自分がどれだけ成長しているのかについては、過去の記録を見れば一目瞭然です。レベルが上がれば課題が変わります。課題が変われば行動が変わります。そしてその行動によって、新しいレベルに到達することができるのです。

そしてやがて、過去の課題は「当たり前」にできるようになります。

CHECK

結果は相手ありき。成果は自己完結可能。
成果の再現力を高めていこう。

「できること」を積み重ねる

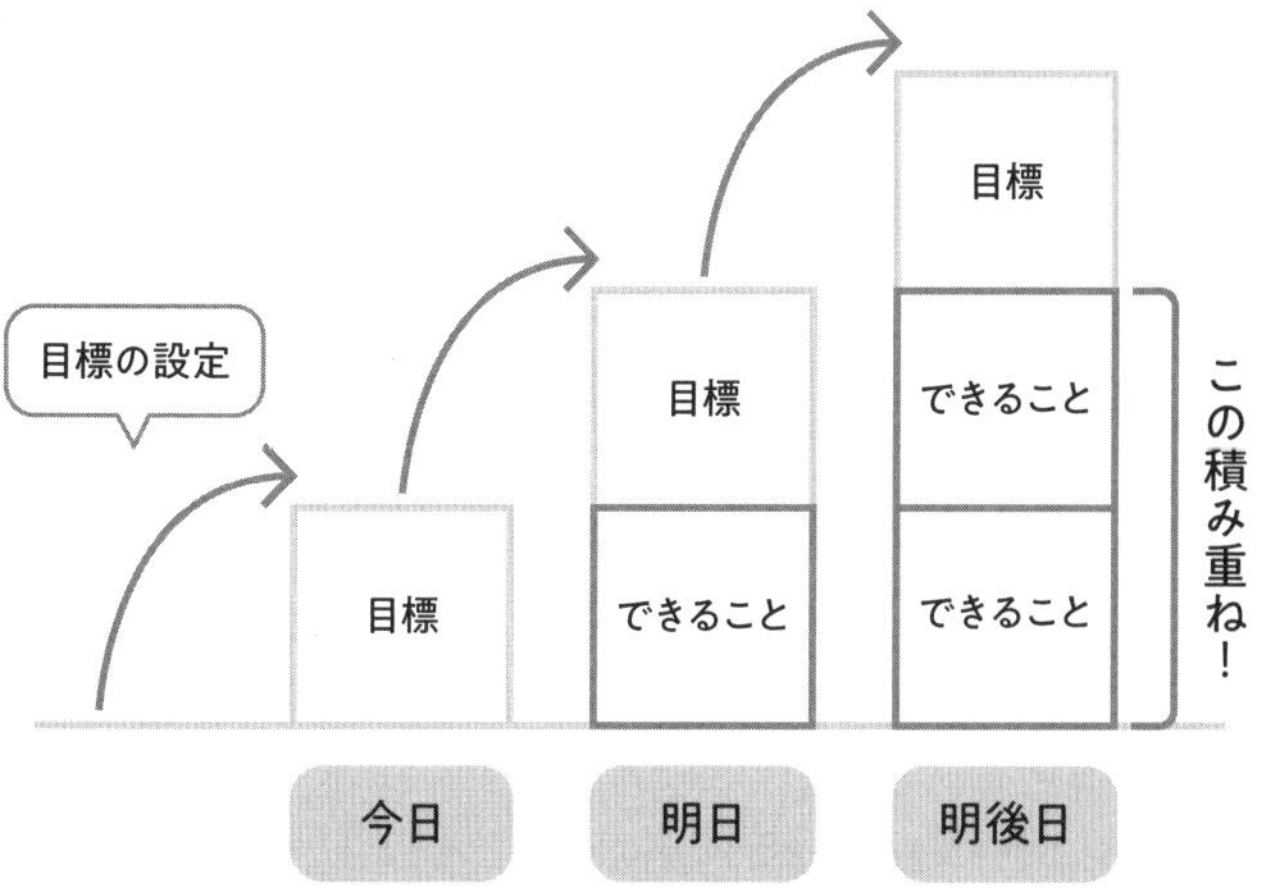

次回以降の成功確率を高めるためには、
たまたまできた「結果」ではなく、
確実に「できること」を増やす

SECTION 2

「行動目標」こそ絶対受注のカギ

「結果目標」と「行動目標」という考え方があります。

結果目標というのは、売り上げ達成の話で言えば受注をすることです。文字通り結果についてです。野球で言えばヒットを打つことです。

これは、**自分が決めているようで、実は相手のポジションや相手の判断によって決まる結果です**。これが結果目標、つまり「結果ありきの目標」です。

行動目標というのは、「結果に関係なく達成できる目標」です。言い方を変えると、**自分の体ひとつでできる目標です**。たとえば、「電話をする」「お客様の会社に足を運ぶ」「提案資料をつくる」「手渡す」などです。これはすべて自分の体だけでできることです。野球で言えば、「バットを振る」とか、「ボテボテのゴロでも1塁まで全力で走る」「ヘッドスライディングする」などです。これらが行動目標で、そこに焦点を当てるのは最低目標とも言えます。

営業マンのポイントとして、この行動目標を設定すること自体が、自分の足を止めないことにつながるので、結果を導くことになります。さらに、その最低目標の水準が上がれば上がるほど、できるレベルが高まっていきます。最初は、「お客様に連絡をする」とか、「アポ取りの電話をする」ということだけだったのに、「アポイントを取る」ことがいつでもできるようになります。昔は難しかったことができるようになるのです。

イチロー選手も最初は、バットを振る、屈伸をする、あるいはカレーを食べるなどの、ルーティンをすることを行動目標にしていました。メジャーリーグに行ってからは、とにかくバットにボールを当ててファールを打つこと、つまりヒットかフォアボールで出塁するまでバッターボックスに立ち続けることを行動目標にするというハイレベルの達成力を身につけていきました。そして結果を残しています。自分の体ひとつでできる行動目標を常に設定していきましょう。すると結果目標＝受注の達成確率がグンと伸びていきます。

CHECK

相手を変えることは不可能。自分を変えることは可能。自分の行動さえコントロールできない人に何を任せられるのか。

SECTION 3

お客様に育ててもらう

世の中には多くの仕事が存在します。僕自身もいろいろな肩書きで仕事をしてきました。

営業コンサルタント、スタートアップ企業の経営者、上場企業の取締役、エンジェル投資家、学校の先生、ビジネス書作家……。

仕事は違えど成果の出し方は一定です。すべて営業的な動作を繰り返しているだけなのです。すべてのビジネスに「営業時間」が設けられていることがその証拠です。

具体的には**「困り事を聞く」**ということです。課題や悩みを聞き、どうやったら解決できるか企画や施策を考え、つくり、提案するという動作を繰り返しているのです。

この動作は一定なので、トレーニングの種類を増やす必要がありません。**トレーニングとは「聞く」ことに対して、「やって」「感じて」「考える」ことを言語化しながら繰り返すことです。**これをすればするほど成果が出る状態になります。

営業力を身につけることは、仕事以外のプライベートでも十分トレーニングできます。

家族や友達の悩みを聞くことや、新しい交友関係をつくること、異文化を持つ人とコミュニケーションを取ることも営業力のトレーニングにつながります。営業力とは人間力に他なりません。

プライベートな関係性の相手に対し、いつも「悩みはある?」「困っていることはある?」と聞き続けるのは、さすがに気が引けてしまうかもしれません。しかし、いつもいつも解決策を提案する必要はありません。悩みや困り事を仕入れる習慣は、あなたのキャリアをつくるきっかけとなります。僕自身も「困り事の発見」から、いつもキャリアを築いていています。自分がやりたいことが先に来ることはありません。

相手を巻き込んだトレーニングは、失敗もつきものです。僕自身も、たくさんの失敗をして、たくさんの迷惑をかけてきました。目の前のことに一所懸命になるあまり、なかなか自分自身の失敗に気づけないこともありました。悔しくてお客様の目の前で泣き出してしまうこともありました。ひとつのミスで見限られてしまったことも多々あります。

しかし、僕のことをきちんと注意して叱ってくださったお客様がいらっしゃいました。数々の不注意・無礼をきちんと指摘いただけたことに感謝しています。若い時代に、厳しく指導をしてくださるお客様は貴重です。読者の皆さんにも大切にしてほしいと思います。**営業職は、お客様に育てられます。**お互いにリスペクトの気持ちを持って、成長を共にしていきましょう。

CHECK

結果的に、一番叱ってくれたお客様が、一番発注をくれたお客様になったりもする。

SECTION 4

「自分ヨミ会」

自らの行動を振り返ることを「自分ヨミ会」と言います。自分ヨミ会を定期的に行なっていれば、普段の行動が正しいかどうかをチェックできます。ぜひ時間を確保して、自分ヨミ会を行なっていきましょう。そうすることで、より高い成果を持続的に得られるようになります。

自分ヨミ会を開催する際は、あらかじめフォーマットを決めておきましょう。その時々の状況を漏れなくチェックすることができ、振り返りのたびに生じるブレもなくなるでしょう。

では、どのようなフォーマットをつくればいいのでしょうか。おすすめは、次の

ページで紹介する **「Keep」「Problem」「Try」** という3つの指標を用いたフォーマットです。このような自分ヨミ会のための「KPT」フォーマットがあれば、日々の活動が振り返りやすくなります。

よいことだけでは次につながらず、悪いことだけでは成長が止まってしまいます。よいこと、悪いこと、そして挑戦するべきことの3つをあげることで、バランスが保たれるようになるのです。

自分の未来のキャリアは、自分が作成したスケジュール表の延長線上にあります。将来的によりよいキャリアを描きたいのであれば、スケジュール表から逆算するかたちで未来を見据えることです。つまり、振り返りが欠かせないのです。

たとえば、アポイントを取る時間や、アポイントそのものにかける時間、さらには上司へのフィードバックなどでスケジュール表が埋まっている状態だとしましょう。そのような状況から、未来のキャリアを自分にとってよい方向へ変えるにはどうすればいいのでしょうか。

まずやるべきなのは、スケジュール表を見直すことです。その上で、よりよいキャリアを実現するために、スケジュール表の内容を変えましょう。「誰に会うのか」「どのようなことに時間を使うのか」などをもう一度選択して変えていくのです。それが、自身の未来をつくることにつながります。

スケジュール表を確認し、変化がなければ、自分自身が進化していない証拠です。新しいスケジュールを組み込んでいけるように努力していきましょう。

CHECK

スケジュール表に沿って自分の人生が決まっていく。
その恐怖と可能性をいかに活用するか。

自分ヨミ会のためのKPT例

	Keep（よかったこと）	Problem（ダメだった「かも」しれないこと）	Try（次にやること）
例1	提案資料の読み合わせを都度行なえた。 →予想される質問を事前に書き出すことができた。 部内の週報（ニュースメルマガ）を企画しスタートした。	感度が高いクライアントへのアピールが遅れてしまい失注した。 自分は伝えたつもりだったけど、スタッフに伝わっておらず、提案資料の品質が上がりきらなかった。	提案しっぱなしではなく、yes/noの回答までもらう。 →提案翌日、最低一週間以内にもう一度伺う。 上司の確認の時間を踏まえ、早めに期日を設定するようにする。
例2	アポ回数を3件追加できた。 既存クライアントに追加提案機会の創出ができた。 商談中、一方通行の説明ではなく、ヒアリングもできた（先輩の真似ができた）。	アポの質が低い時があった。 課題の整理が追いつかず、散らかったアポになってしまった。 ヒアリングの内容を提案に盛り込むことができなかった。	商談のゴールを資料の冒頭に入れる（事前に共通のゴールを握る）。 提案内容を事前にイメージしてから、ヒアリング項目を設定するようにする。
例3	資料内容について社内MTGを重ねて、じっくり考えられた。 効率が悪い方法ではあるが、毎MTGで状況整理をして、どうすれば改善できるか議論できている。	完成ギリギリになってしまった。 ボリュームが多く、部署をまたいでの提案だったため、プレゼンの最終確認や資料集約に時間がかかり当日ギリギリに印刷が終わった。	内容の多い資料確認には1.5hは確保する。 スタッフへの修正依頼を出す時間も加味してスケジュールを組む。 スケジュール設定自体が合っているかどうかを、先に上長に確認する。

SECTION 5

ひとり作戦会議のススメ

いつ来るかわからない、来るべきタイミングに向けて、受注のための仕込みを続けましょう。つまり、武器を磨き続けることです。

これは、自分を高めることに他なりません。目先の商談に向けて気持ちの準備をするのも大事ですが、目先の商談と同じかそれ以上に、自分の未来を見据えたレベルアップのための一手が打てているかどうかを確認してください。

「いつか来るその時までに」じっと息を潜めて待つのか。順番が来るまで指をくわえて待っているのか。それとも、知識を蓄え、レベルアップを続けるのか。いつ人前に出ても恥ずかしくない自分をつくっておくのか。

あなたは、自分と向き合う時間が取れていますか？

自分の今日の行動、自分に対してのアドバイスなど、何も振り返らず、そのまま放置していいのでしょうか。

僕には間もなく3歳になる息子がいます。彼は毎日、部屋いっぱいに電車のおもちゃの線路をつなげて遊びます。遊びの時間が終わった時、そのまま出しっぱなしにしていたら、必ず片づけをさせるようにしています。片づけこそ、創造の本質だからです。出しっぱなしの線路では、明日も明後日も同じレール、同じ景色を走らせて終わってしまいます。毎日片づけるからこそ、次の日には昨日とは違うパーツの組み合わせを生み出すことができるのです。同じパーツで遊んでいるにもかかわらず、昨日とは違うつながりを見つけた時が、新しい遊びを創造した瞬間だと思います。この何かと何かをつなげて新しいものを生み出した瞬間の快感を子どもながらに味わってほしいと思っています。

同じく、あなたは日々、片づけができているでしょうか。頭の中にある思考や、先輩からもらったアドバイス、お客様のちょっとしたひと言など、放置したままでよいでしょうか。やりっぱなしでは気づけないのは営業活動も同じです。**やるべきことや思考を整理するためには、自分だけの作戦会議を開くことです。**

おすすめの整理方法は、ずばり紙に書き出すことです。つまり、可視化することです。それだけでいいと言っても過言ではありません。最初からマインドマップや思考法のフレームワークなどは不要です。まず頭の中にあるキーワードを可視化することだけでも十分効果が出てきます。

CHECK

去年と同じ悩みを抱えている場合、あなたの進化は止まっている。もうその言い訳は聞き飽きた。ひとり作戦会議をして出直すこと。

SECTION 6

哲学を磨く

自分を高めるためにできる方法があります。それは哲学を磨くことです。哲学を磨くために、ブログを書いてみることをおすすめします。

僕は幼い頃から野球一筋で、高校時代は甲子園に出場、大学時代は学生コーチをしていたのですが、大学生の間だけで野球ノートを60冊書きました。毎日毎日、学校への行き帰りの電車で、野球のことについて書くということを続けてきました。今でも野球が大好きで関わっていますが、そのノートは今実家にあるので、すぐには読み返せません。

ところが、ブログはネットがつながれば、いつでもどこでも見ることができます。だから、自分のできるようになったことや課題をウェブ上に残しておくことをおすすめします。

よく「福山さんみたいにブログをはじめたけれど、続かないんだよね」という相談をいただきます。

ブログを続けるためのコツは、非公開にすることです。ブログをやっている事実さえ誰にも言わないことです。そこにはブログが続かない2つの大きな理由があるからです。

ひとつ目の理由は、初投稿の記事を頑張って書きすぎること。2つ目は時間と共に関係者が増えて（出世したり、人脈が広がることによって）、言えないことが増えることです。

ブログ初投稿で長文を書いてしまうと、次回以降も長く書かなくてはと、自分でハードルを上げてしまうことになり、エネルギーが必要になります。次第に負担となり、いつしかブログがなかったことになるケースを多く見てきました。

2つ目の点について、ビジネスの場合、お客様との関係性上、何でも書いていると不都合が生じる場合があります。関係者が増えると、書きたいことが書けなくなっていくのです。

僕がおすすめするブログを書くという習慣は、ブログ読者を増やすことが目的ではないので、公開しなくてもいいのです。ノートと同じだと思ってください。**毎回の仕事で得られた知識や経験などを言語化して、振り返る習慣を持つための手段としてのブログです。**

毎日書くというルールでは続かないのなら、自分が続けられる仕組みを考えてみましょう。たとえば、匿名アカウントのTwitterなどでもいいと思います。また、「毎日」ではなく「毎回」でもいいのです。1日に3度商談があれば、3回書くことをおすすめします。

なぜ受注できたか、受注できなかったか。なぜアポイントが取れたか、取れなかったか。細かい状況と経験を書いていきます。たとえば「金曜の夜に電話したら退社していたから、月曜朝一にかけてみる」などの状況を書き続けることで、実感として、「会社員がデスクにいる可能性が高い時間」がわかってきます。これは、**言葉にして分析するからこそ気づけるポイントなのです**。これを繰り返していれば、同じ失敗をせずに済みますし、見えない力が高まっていきます。

振り返りをすることで、自分なりのノウハウを蓄え、自分なりの哲学を磨いていくことになります。言葉が哲学をつくるのです。

CHECK

問いをつくり、答えを探求し続けること。
哲学とは受験勉強の逆。

SECTION 7 情報のシャワーを浴びる

情報収集のコツは、「人が知らないこと」を知ることです。簡単にはアクセスできない情報にこそ価値が生まれます。その意味で、今後ますます書籍や文献からのインプットが差別化のポイントになります。

一方で、人が知っていることも知っておかないといけません。いわゆる「一般常識」のようなものです。

一昔前は、新聞を読むことが推奨されていましたが、今はどうでしょうか。とても新聞だけでは足りない時代になりました。

正直、情報収集に正解はありません。しかし、コツはいくつかあります。あなたが目指す目標や理想に近づくために必要そうなものを、自ら選んでみてください。

そして、やり方自体も改善していってください。

情報収集はひとつのスキルです。いつまでも新卒時代のやり方は通用しません。


ここでは、**フローとストックのふたつのパターン**をお伝えします。


フローとは、タイムラインです。

流れてくる情報を流れるように読むことです。自身の潜在意識に残ればいいし、残らなくてもいいというスタンスでインプットすることです。新聞のなめ読み、ニュースアプリの閲覧、ＳＮＳをぼんやり眺めることが相当します。**いちいち解釈を入れずに、ただ浴びるように見ることをしてみてください。**


一方、**ストックとは貯めることです。**

自分が考えたことや、思いついたアイデアなどをアウトプットしておくことです。

ＳＮＳに投稿してもいいですし、Ever noteやメモ帳に書き残すこともいいでしょう。

アウトプットとは、情報収集の手段のひとつです。書き残したり、投稿するからこそ、その周辺情報が入ってくるのです。

自分が何かを提案するという場面では、やはりどれくらい情報を浴びてきたかが効いてきます。つまり、自分の仕事のクオリティは、インプットに依存するのです。

CHECK

アウトプット起点のインプットを心得よ。

インプットに終わりはない。

インプットに多すぎることはない

フロー

・流れてくる情報を流れるように読む。
・とにかく量をインプット。
頭に残らなくてもよい。

ストック

・アウトプットするからこそ得られる
情報がある。
・他人に公開してもよいし、
自分だけの記録にしてもよい。

SECTION 8

ベンチマークは数字で設定する

スポーツでライバルチームがいるように、ビジネスにもライバルチーム、競合企業がいると思います。そして、営業マンの自分にとってもライバルがいたほうが仕事に対して燃えるのではないでしょうか。

ここでは、「A社の田中さん」「同期のBさん」というように、個人そのものをライバルにするのではなく、**ベンチマークとしてライバルにする**ことをおすすめしたいと思います。**ベンチマークとは指標のことです。**

まずは上司をベンチマークしてみましょう。

人としての上司がどんなに好きでも嫌いでも、自分より経験があることは間違いありません。**すごく好きな上司で成果も哲学も素晴らしいのであれば、それをそのままベンチマークすればいいですし、嫌な上司でも成果が出ているならば、その仕事の仕方にフォーカスして言語化（数値化）していくことができます。**

尊敬できなくても数字がすごいのならば、その数字をどうやって生み出しているのかをそばでつぶさに観察するのです。どうやってお客様を見つけているか、どうやってリレーションシップを取っているか、どうやって顧客管理をしているか……。それを見て聞いて、真似しましょう。そして同じ結果が出せるようになった時、「自分は哲学で追い越すんだ」という心持ちでいてください。

一方、憧れの人の数字をマークすることは、気持ちの面でも効果的です。たとえば、「自分も福山さんみたいになりたいです」という若手が来てくれたとします。僕が1年目、一番数字をつくれた時が月間粗利3000万円程度だったのですが、「それと比較してどう?」と問いかけてみます。そうすると「全然足りません。50％足りません」というように、差分が数値で出せるので、そこを目標に仕事を設定できるのです。漠然と「○○さんみたいになりたい」と人物をイメージするより、比較しやすいですし、具体的です。

憧れの人がいたとしたら、その人は自分と同じ年齢の時にどんな数字を達成していたのかを知ることは、大きな刺激になると思います。

他より頭ひとつ抜けるためには、自分の成長を測ることです。それも数字と言葉で測ること、これが超重要です。

CHECK

具体的でないイメージは具体化できない。期日のない目標は達成できない。「夢」なんて言葉で逃げるな。

SECTION 9

魂の言葉に囲まれる

僕のデスクには、その月のテーマと、自分の魂が動く言葉を並べた紙を貼っています。これは学生時代の野球部の頃から続けていることです。**デスクに来て、貼ってある言葉と向き合うと、「よし、頑張ろう」という気持ちになります。**スマートフォンの壁紙も「目標数字」にしています。

独立したての一年間は、とにかくいろいろな仕事を受けていました。しかし、仕事量はこなしていても、一向に楽にならないでいました。新しい商品やサービスをつくる時間がなくなってしまったのです。「本当にこれでいいかどうか、新規事業を考える時間を取らないとまずい」という危機感を持った時から、常に見える場所に言葉を貼るようになりました。これらの紙を見るたびに、新規事業を考える時間を取るようになり、計画的に事業・サービスを進めることができるようになりました。その後、新規事業を立ち上げ、メンバーを増やし、つくった事業に価値がつき、見たこともない大きな金額でM&A（事業売却）をすることができ、新たな事業に再投資をすることで、経営者、事業家として成長することができました。

紙を貼らなくても意識すればいいと思う人もいるかもしれません。もちろん、意識してできるならいいのです。僕は、意識するだけでは到底達成できませんでした。「意識する」という動詞を動作にしてみると、「強く念じること」ですが、強く念じたまま眠れないですし、寝て起きたら、もう強く念じてはいないはずです。

ここでの「意識する」を動作に落とし込むなら、「紙に書いて貼る。そして言葉に囲まれる」。これがおすすめです。

CHECK

自分自身を洗脳する。
自分をコントロールできれば、できることは増える。

SECTION 10

目標を上げる

約束をきちんと守るために、処理すべきタスクのレベルを分割してひとつずつ達成していくという方法は、皆さん行なっているでしょう。このタスクのレベルを下げる目的は、**目の前の約束を果たすためにあるのと同時に、大きいこと、新しい課題にチャレンジするためにもあります。**より大きな目標にチャレンジするために必要な自信となるのです。

自分との約束を守ってこなかった人は、思考の癖で「どうせできない」と思いがちで、他人からのお願い事に素直に「はい」「頑張ります」と言えません。

一方、自分で決めたことを全部やってきた人（達成体質の人）は、「お願いできる?」と言われたら、「はい。やります」と素直に言います。心の中では、「自分にできるかな?」ではなくて、「どうやったらできるかな?」と考えます。

自信の正体は「自分との信頼関係」です。信頼関係をつくる一番の要素は、「約束を守ること」です。

自信を持つために約束を守る。自分との約束は目標とも言えますから、ここで、どのような目標設定をするかという課題が出てきます。

目標設定する時の問題としては2つあります。

ひとつは、目標が高すぎる（約束のハードルが高い）ことです。これは約束を守るまでに時間がかかってしまったり、成功確率が100%ではないので、「できる」と言いきれない部分が出てきてしまうことです。

そういう場合は、恐れずに目標のレベルを下げましょう。めいっぱい引き下げるのです。

たとえば「今日中に提案資料を送ってもらえる?」と言われた時、少しでも不安があるなら、「今日中は無理です。明日までだったらお送りできます」と答えます。

もしくは、「今日中に概要だけなら送れます」と言って、求められているものを分割し、それだけやるのです。必達できる課題まで引き下げることが重要です。

もうひとつが、約束を守ることが難しい業界にいる場合です。たとえばプロ野球。「打て！」と言われて打てるわけではないので、非常にハードルが高いわけです。

その場合も、結局は突き詰めると、**自分との信頼、自分がやると決めたことをやり続けることで、確率を上げる努力ができます。**むしろ、そこにしか信頼を上げる方法はないと言えるでしょう。グランドに1時間早く行く、準備運動で人一倍汗をかくなど、「準備をちゃんとする」と決めて日々やることで確率を上げていきます。

それをきちんとやっている代表例がイチロー選手です。同じ時間に、同じものを食べて、同じルートで球場に通い、同じ時間にグランドに入り、誰よりも先にアップすることを続けていました。

野球の試合でヒットを打つ確率は、どんなにすごい人でも3割しかありません。そのため、達成目標をその前段階である準備で、100％やりきることに設定しているのです。

結果と関係なく、事前にできることを一つひとつこなしていくことでしか自信をつけることはできません。

CHECK

一度きりの人生。目標を下げる理由がどこにある？

11 目標達成スピードを最大化する方法

目標は、上げれば上げるほどスピードが必要になります。もし、目標が高すぎて頑張れない人はスピードをいったん下げて、一番下のタスクから確実に上げていく必要があります。

しかし逆もしかりで、**実は目標を高く上げるとスピードもアップします。しかも目標を上げるなら、とことん上げたほうが余計な邪魔が入りません。これを僕は、「志高く、足元堅く」と表現しています。**

ビジネスマンで言えば、「20代で年収1000万円稼ぎたい」という人が大勢います。ただし、それぐらいのレベルを目指すと、正直、中途半端なので、かえって敵が増えて、「あいつ、金、金って言ってて嫌だな」と言われるかもしれません。

そこで、「年収100億円を目指しています」「起業して上場を目指しています」と言うと、次元が変わってくるので、応援者が増えます。中途半端な目標だと敵が増えてしまい、他の人が思いもつかないような高い志を掲げると逆に応援されるのです。

僕の場合、「ライバルは福澤諭吉です」と言いはじめてから、何も邪魔がなくなりました。「すげえなあ」と半分引いている人が多いでしょうが、「それなら、こういうのがいいんじゃないか」とアドバイスをもらえたりもします。これが、「1000万円稼ぎたいんです」というレベルだと、「ふーん、頑張ってね」というあっさりした反応になりがちです。

目標は、上げれば上げるほど人は応援してくれます。高い分には、後から下げることもできるし、上げると決めたらとことん上げたほうがいいのです。中途半端が一番難しいでしょう。超速で達成をしたいならば、目標は高く上げたほうが絶対にいいのです。

CHECK

ビジネスにおいてスピードは最大の武器。スピードアップの秘訣は目標を上げること。単純だけど、多くの人はびびってやらない。

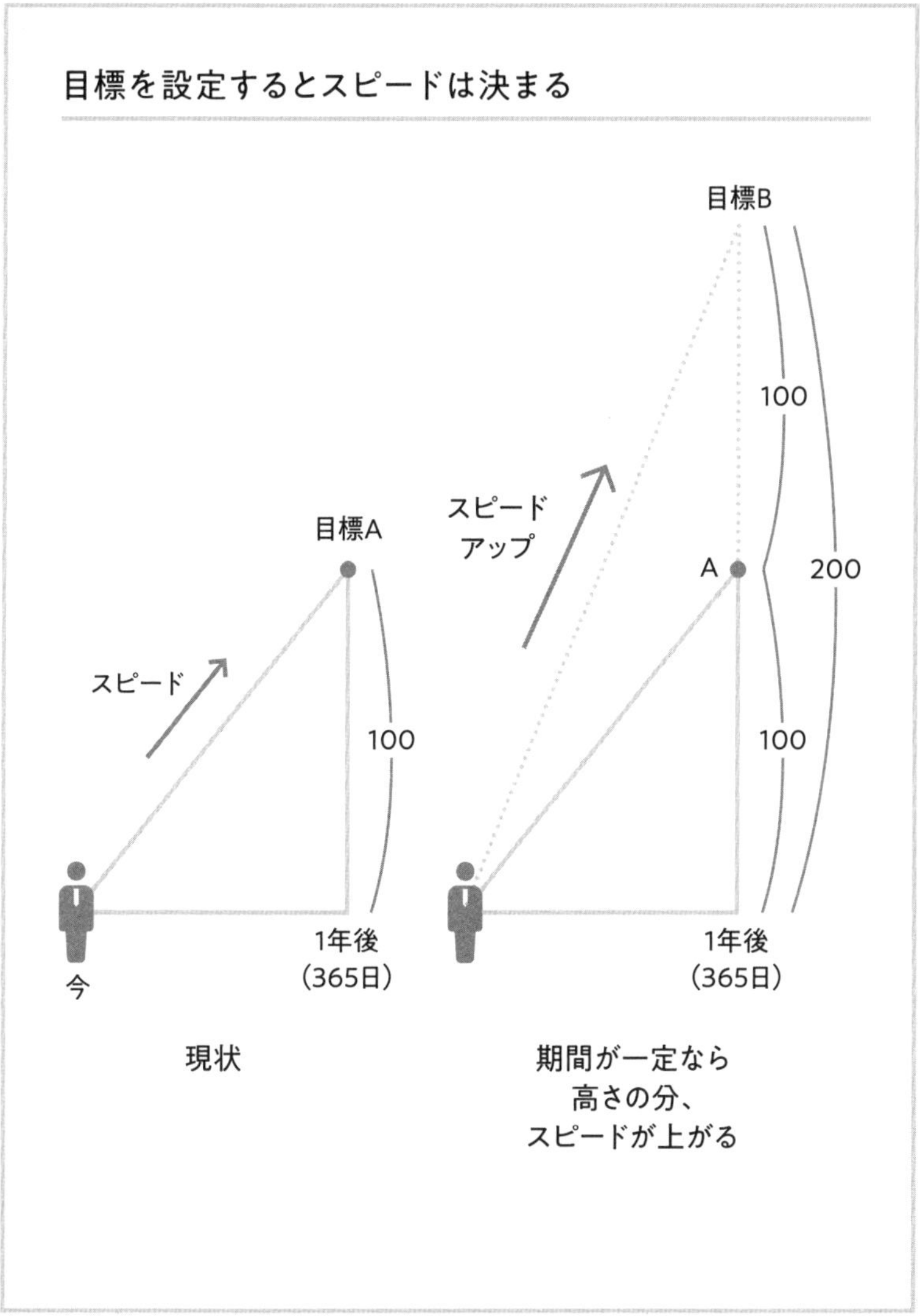
目標を設定するとスピードは決まる
目標B
100
スピード
アップ
目標A
A
200
スピード
100
100
今
1年後
(365日)
1年後
(365日)
現状
期間が一定なら
高さの分、
スピードが上がる

おわりに

「お客様を神様だと思え」「お客様には頭を下げるな」

「メモを取れ」「スマホ1台で生きろ」

「転職しろ」「複業しろ」


ビジネス書を読み続けると、あれこれ言われすぎて、混乱します。

そもそも皆、置かれている立場も状況が違うのだから、断定的な表現なんてできるわけありません。

ビジネス書を読んでも成功しないとも言われています。

事実、そう思っている方は多いでしょう。そうなのかもしれません。

しかし、僕は明確に変わりました。ビジネス書を読むことを「きっかけ」にして人生を変えてきました。

だから、次は僕が誰かの人生を変えるきっかけを提供する番だと思い、筆を執っています。

本はあくまできっかけです。これをきっかけにするか否かは、あなた次第です。「行動が大事」というのは正論ですが、毎日頑張っているのに、それ以上に行動が足りないというのは、違うと思います。あなたは毎日、頑張っています。努力もしています。それでも差が出てしまうのは、ちょっとした感性の違いです。要は、チャンスをチャンスだと思えるかどうかなのです。本書との出会いをチャンスと気づけるかどうかなのです。

時を超えて、ふとしたタイミングで、本書があなたやあなた以外の誰かの役に立つことがあるかもしれません。そんな未来を想像して、時代性は無視して書いています。

本書を執筆中、世間はコロナ禍で、働き方・生活様式など、パラダイムシフトを余儀なくされています。働き方が抜本的に変わると言われ、また「営業はなくなる」という説を唱える人も出てきています。職業としての営業職はなくなることはあっても、営業という動作は不変です。営業とはビジネスそのものだからです。より不変的な営業の真髄だけを抽出した作品に仕上げたつもりです。

原稿自体は2019年にひと通り書き終えています。一定期間寝かし、世の中の大きな変化を確認した上で、改めて手直しを加えました。より普遍的な要素だけに絞り込むことができたと思っています。

僕は「学問をつくる」という目的の下、執筆活動を続けています。本書は、未来の教科書の要素、その原型となる作品です。原型なので、多少荒削りな部分があるかもしれません。それは、まだ学問に昇華するまで極められていない僕の落ち度です。営業は、MBAでも未だに教えられていないほど、難しく捉えどころのないものです。

僕は、営業を学問に昇華させるべく、これからも営業に関する研究を続けます。生きている間に義務教育に組み込めるだけのコンテンツに仕上げ、これから生まれてくる子どもたちをはじめ、営業を学んでこなかった大人も含め全員に提供できるよう、進めて参ります。

営業を極めることは、問題発見・問題解決力に磨きをかけます。
本当に大切にしたい人を守れる強さを身につけて、人生を豊かにしてください。

今回このような素敵な企画を委ねてくださった同文舘出版さん、編集担当の津川さん、本当にありがとうございました。

営業をもっと学びたいという方のために、有料動画のリンクをプレゼントします。振り返り用のTwitterbotアカウントもお渡しします。

動画

Twitter

本書があなたのビジネスの活力となれば、著者としてこれほどうれしいことはありません。

２０２０年９月

福山敦士

著者略歴

福山敦士（ふくやま　あつし）

新卒でサイバーエージェントに入社後、1年目からグループ会社の起ち上げに参画。「1ヶ月100件アポ」を続け、セールス記録を更新。25歳でグループ会社の取締役に就任。27歳で独立、クラウドソーシング事業を起ち上げ、東証一部上場企業の株式会社ショーケースに売却。29歳で執行役員、30歳で取締役に就任。その他、HR関連事業、動画事業、サロン事業をそれぞれ起ち上げる。独立後、4度のM&Aを実施。事業以外では、さまざまな企業・個人の営業コンサルティングも行なう。

「学問をつくる」活動の一環として大学院、予備校、高校にて営業講座などの開発を行なう。

学生時代は16年間野球ひと筋。高校時代は甲子園ベスト8。

著書に『どんな人でもできる　1年でトップ営業に駆け上がる54のリスト』『初年度から1000万円売り上げる　ゼロからの起業術』（共に大和書房）、『誰も教えてくれない「紹介営業」の教科書』（同文舘出版）、『仕事の鬼100則』（明日香出版社）など、累計10万部を超える。

HP：https://fukuyama.monster/
Twitter：https://twitter.com/2980a24t
Facebook：https://www.facebook.com/fukuyama.atsushi

動画プレゼント

最速でつかみ取る営業の「絶対受注」

2020年9月14日　初版発行

著　者 ―― 福山敦士

発行者 ―― 中島治久

発行所 ―― 同文舘出版株式会社

東京都千代田区神田神保町1-41　〒101-0051
電話　営業03（3294）1801　編集03（3294）1802
振替00100-8-42935
http://www.dobunkan.co.jp/

ISBN978-4-495-54064-7
印刷／製本：萩原印刷
Printed in Japan 2020